幼儿园大型活动组织与策划手册

李春玲　著

中国轻工业出版社

图书在版编目（CIP）数据

幼儿园大型活动组织与策划手册／李春玲著. —北京：中国轻工业出版社，2015.12（2024.1重印）

ISBN 978-7-5184-0158-1

Ⅰ. ①幼…　Ⅱ. ①李…　Ⅲ. ①活动课程－学前教育－教学参考资料　Ⅳ. ①G613

中国版本图书馆CIP数据核字（2015）第251620号

责任编辑：吴　红　　责任终审：腾炎福
策划编辑：高　君　　责任校对：刘志颖　　责任监印：吴维斌

出版发行：中国轻工业出版社（北京鲁谷东街5号，邮编：100040）
印　　刷：三河市鑫金马印装有限公司
经　　销：各地新华书店
版　　次：2024年1月第1版第10次印刷
开　　本：710×1000　1/16　印张：14.5
字　　数：130千字
印　　数：26001—28000
书　　号：ISBN 978-7-5184-0158-1　定价：35.00元
读者热线：010-65181109
发行电话：010-85119832　010-85119912
网　　址：http://www.chlip.com.cn　http://www.wqedu.com
电子信箱：1012305542@qq.com
如发现图书残缺请拨打读者热线联系调换
232178Y1C110ZBW

前　言

三年前，北京一家培训机构的负责人跟我商量，希望我讲一个关于“幼儿园大型活动”的专题，题目就定为“幼儿园大型活动的组织策划与招生宣传策略”，对象是幼儿园的办学人、园长和教师。我认真地分析了该机构负责人给我出的这个题目，对方应该是想让我重点介绍大型活动给招生工作带来的作用吧！招生是幼儿园的头等大事，如何通过大型活动的有效开展为招生宣传带来积极影响，应该是办学人和园长们最关心的问题！这样的题目也会引发大家的学习兴趣，可以解决一些实际问题，培训机构的确用心良苦啊！只是，大型活动难道只能给招生带来好处吗？大型活动只是为了招生吗？肯定不是的！

我答应了该机构的讲座邀请，不过，建议把授课题目改为“幼儿园大型活动的组织与策划”。在后来举行的全国几十场关于这个专题的讲座中，在与全国各地的办学人、园长、老师的交流中，我和大家一起慢慢地厘清了关于幼儿园大型活动的一些认识，也解决了实际操作中存在的一些问题。中国轻工业出版社万千教育编辑部向我约稿，这让我想到了每次讲课之后我对我的学员们的承诺。我想，是应该把这样的认识、思考以及交流后碰撞出来的一些火花奉献给全国更多的幼教工作者们。本书中的案例，既有我多年来在一线工作中积累的，也有我与很多幼教工作者交流后获得的，更有我在不断提升个人认识的过程中创编而成的。

本书一共由三部分构成。导言部分旨在让大家对本书的核心思想有一个整体的认识；第一单元主要阐述大型活动的组织和策划方法；第二单元重点是案例分享。据了解，全国还没有一本关于幼儿园大型活动专题的书，而且广大幼教工作者希望了解的，一定不只是理论的说教，更是具体的可以“拿来就用”的各种类型的大型活动方案。但是，如果只是为了满足大家对各种活动方案范本的需求，这一定不是我撰写此书的初衷。因为本书中有限的方案不可能满足全国各地同行的需求，也不一定都适合全国各地的幼儿园使用，所以，在统筹考虑第二单元的内容时，我的思路也在不断地调整。对于这本册子，我想重点说明的是，它带给大家的不只是一本资源丰富的“大型活动案例集”，也是借大型活动这样一个话题，通过列举的活动案例，分享我对幼儿园大型活动的一些深度思考，和大家一起来探索幼儿园大型活动真正蕴含的教育价值，以及在《3—6岁儿童学习与发展指南》（以下简称《指南》）背景下对大型活动有一个新的认识，即由传统的“舞台化”转变为“生活化”，由“形式化”转变为“课程化”。为了帮助大家理解，我在每个活动案例前都专门设置了对该活动的核心价值的分析，希望大家能通过这个“使用导引”和对活动案例的价值思考，对幼儿园大型活动的开展有一个全新的认识。

本书自始至终贯穿的几个观点是：大型活动是幼儿园课程建设的重要内容及载体，要从关注幼儿学习与发展的整体性来统筹其内容；要考虑幼儿的原有经验，要与幼儿的日常生活紧密结合；要尊重幼儿的个体差异，还要尊重幼儿是通过亲身体验、实际参与进行学习的特点。大型活动是幼儿园特色建设的重要途径与方法，是促进幼儿园团队文化建设、提升幼儿园办园水平的得力措施，也是幼儿园培训家长、家园沟通的一种有效的方式。在大型活动开展的过程中，我们与幼儿一起成长。所以，我们要把大型活动办成教育幼儿和与幼儿一起成长的一个过程。

我从事幼教工作20多年了，尽管这不是我第一次编书写书，但独自完成一本专业书籍还是第一次，书中尚有不少不足之处。我只是想通过这样的一种方式，反思和整理自己长期以来的一些实践探索与内心感悟。如果大家能用欣赏和包容的心态来阅读这本册子，我会心存感激，也会更加努力。

感谢万千教育编辑部，尤其是高君编辑，我们之间进行了多次思想上的碰撞与交流。在整个编写的过程中，她给予我的尊重、欣赏与认同，给了我莫大的鼓励与帮助。高编辑曾经发给我这样一句话：“您辛苦了！写作过程会辛苦一点，但是呈现的结果是美好的！”这样的鼓励让我的写作过程虽然很累但很快乐！

感谢我的专业生涯中与我一起共同成长的同事们，给过我帮助的导师们、朋友们，以及一直默默支持我的家人！愿我的辛勤努力，能带给大家一点点欣慰。

李春玲

2015 年 6 月

目 录

导　　言　厘清幼儿园大型活动的困惑

一、幼儿园传统大型活动带来的困惑 ……001

二、什么是幼儿园大型活动 ……002

三、幼儿园为什么要开展大型活动 ……003

四、提升对幼儿园大型活动的认识 ……004

五、幼儿园大型活动的种类与内容 ……010

六、幼儿园大型活动需要遵循的原则 ……011

第一单元　幼儿园大型活动的组织与策划方法 ……019

一、幼儿园大型活动的组织与策划流程 ……020

二、幼儿园大型活动的组织与策划要点 ……020

第二单元　幼儿园大型活动的组织与策划方案 ……027

一、体育类 ……028

方案 1　“健康快乐一起来”体育节活动 ……028

方案 2　操节展示活动 ……039

方案 3　“我运动，我快乐”运动会 ……046

二、艺术类 ……057

方案 4　“快乐创意，展示自我”民族文化艺术节 ……057

方案 5 在灿烂阳光下——深圳改革开放三十年暨庆“六一”合唱活动……064
三、语言类……069
方案 6 “人人都参加”讲故事活动……069
方案 7 “同读一本书”读书活动……075
方案 8 “图书漂漂漂”幼儿园图书漂流活动……078
方案 9 “阅读点燃智慧”幼儿园故事节系列活动……082
四、典礼类……094
方案 10 幼儿园开学典礼……094
方案 11 幼儿园散学典礼……097
方案 12 幼儿园周年庆典……100
方案 13 “快乐飞翔”幼儿园毕业典礼……110
五、节日类……118
方案 14 暖暖的“三八”节……118
方案 15 “缅怀先烈”清明节……122
方案 16 “我们爱劳动”生活技能大比拼……125
方案 17 “粽子飘香”端午节……133
方案 18 快快乐乐过“六一”……138
方案 19 又到“九九”重阳节……145
方案 20 国庆民族大团结体验活动……148
方案 21 正月十五元宵节……153
六、亲子类……162
方案 22 “家园同乐庆‘六一’”亲子美术作品大赛……162
方案 23 亲子快乐行——我们去春游……165
方案 24 “迎新年”亲子游园活动……170
七、科技类……178
方案 25 “我身边的科学”快乐科技节……178

八、综合类……185
方案 26 “和孩子一起成长”家教有奖征文活动……185
方案 27 全城关爱爱心行动……188
方案 28 毕业进行曲——大班幼儿毕业系列活动……193
方案 29 玩具交易会……197
方案 30 消防疏散演习……204
方案 31 幼儿园地震应急演习……209
方案 32 幼儿园中班家长开放日活动……213

导 言

厘清幼儿园大型活动的困惑

关于大型活动，笔者从很多次与各地同行们的交流中得知，无论是幼儿园办学人还是园长和老师，都一致认为大型活动在幼儿园的工作中是非常重要的。但是由于固有的思维方式，大家对大型活动又有很多因传统习惯导致的传统认识，而在形成这样的认识的过程中又出现了一些误区，尤其是在操作层面上遇到的不少问题让大家感到矛盾和焦虑。客观评析传统大型活动在园长、老师心目中的印象，了解大型活动带给他们的困惑，剖析传统的大型活动实质，是我们首先要解决的问题。

一、幼儿园传统大型活动带来的困惑

笔者有一个习惯，即无论是进行哪一个专题讲座，都会在讲座前提出几个问题，以了解学员们对专题的一些最初的认识和想法。开展“大型活动”这个专题讲座，也不例外。在开讲前，笔者通常会提出这样几个问题：“幼儿园为什么要开展大型活动？你是怎么认识大型活动在幼儿园工作中的价值与地位的？”如果有一线教师在，笔者还会问：“你们喜欢开展大型活动吗？”对于这样的提问，办学人会说：“喜欢，而且必须要做，要宣传幼儿园，但花销太大。”园长们会说：“每学期必须要搞几次，是每学期的例行工作，也是家长工作的需要；但每次开展大型活动都缺少新的创意，而且每次效果不一定很好，做不好会适得其反、劳民伤财。”老师们则说：“不喜欢搞大型活动，排节

目太累了，家长对活动的要求也高，压力大。此外，家长们对于园方有时候布置的购买服装、道具等任务，意见很大！”

面对大型活动，办学人感到无奈，园长们感到苦恼，教师们感到辛苦！为什么大家会对这个应该开展而且每个学期都在开展的大型活动，持这样一种态度？幼儿园的大型活动真的让大家感到如此困惑吗？大型活动的开展到底存在哪些瓶颈？

第一，大家认为，大型活动是幼儿园的一项常规活动，是每学期必做的一件事情。因为幼儿园要招生，要宣传整体形象，需要借助大型活动。此外，家长也有要求。家长希望通过大型活动来了解幼儿园的一些基本情况和幼儿在园生活、学习的情况，而大型活动是向家长展示幼儿园的办园状况、课程特色、幼儿成长的一个平台。

第二，大型活动的形式比较单一，通常与“六一”儿童节、元旦等节日庆祝活动相结合。

第三，大型活动是幼儿园的单方行为，与家长、社会没有关系；大型活动也是幼儿园的一个专项活动，与课程建设、特色建设没有关系。所以，教师会把大型活动当成一项事务性的工作，需要额外的时间与精力来完成，因此会感到辛苦和有压力。

大型活动为什么会带给大家这么多的困惑？这是因为我们从来没有去深入地思考它，所以对大型活动没有一个正确的认识。因此，我们应该对幼儿园大型活动的意义、价值、遵循的原则以及各年龄班适合开展的活动内容、种类，有一个全面、正确的了解。

二、什么是幼儿园大型活动

一般大型活动是一项有目的、有计划、有步骤地组织众多人参与的社会活动。幼儿园大型活动，是指幼儿园有目的、有计划、非个别班级师生参与的具有一定规模的教育活动。针对这一定义，要把握以下三个重要特征。

第一，大型活动要有鲜明的目的性。大型活动往往耗费很多资源，包括人力、物力等，就好比一个产品要进入一个中心城市，恐怕要花费数百万元的宣传费用。既然需要如此大的花费，幼儿园为什么还要组织这样的大型活动呢？当然是为了幼儿园的宣传需要，为了让更多的人了解幼儿园的办园品质，这就是幼儿园大型活动的目标。没有目的而耗费资金做活动是不可能的，目的不鲜明也是不值得的。

第二，要有计划性。凡事都应有计划，大型活动更不例外，而且要求有周密的计划，用系统的思维方式去开展，才能保证大型活动“大而不乱”。开展幼儿园大型活动时，周密而系统的计划包括大计划与小方案两部分。幼儿园大型活动的大计划指的是整个大型活动在幼儿园全面工作中的计划，应该是幼儿园整体计划中的一部分，而小方案指的是大型活动具体的执行方案。

第三，要保证有众多人参与。既然是大型活动，就应该有众多的人参与，包括全体幼儿、教职工、家长，甚至是社会人员。但这并不是说参与人数多就是大型活动。比如，一个单位有一万名职工，要开一次全体大会，也是众多人参与，你能说这是大型活动吗？肯定不是。因此，界定一个活动是不是大型活动，不能只看参与人数的多少，还要看活动的社会化程度及其社会影响力。

三、幼儿园为什么要开展大型活动

大型活动是学校或幼儿园常规工作中不可或缺的一项重要工作，是学校或幼儿园举办节日庆典、宣传教学成果和办学特色的一种方式。在幼儿园，大型活动的开展具有非常重要的意义与价值。无论什么样的幼儿园，一年当中都会根据本园的实际情况，组织开展各种大型活动，如毕业离园活动、节日庆祝活动……然而，要组织好一个大型活动，并使这一活动达到宣传幼儿园、教育幼儿以及联系家长和社会的目的，却不是一件容易的事情。在幼儿园的工作中，大型活动本身就是教育活动的一个组成部分，因此，作为管理者，对大型活动的组织、开展，园长首先应该有一个全面管理的过程，其次要有一个科学的视野，即注重幼儿的身心全面发展。大型活动是展示幼儿的个性、兴趣，对幼儿进行素质教育的一种特殊方式。如何拓宽幼儿园大型活动开展的新视野，提升新时期幼儿园大型活动新理念，科学地组织好幼儿园的大型活动，使之尽量不增加教师的工作量，充分地调动教师参与活动的积极性，促进活动质量的提高，更好地为幼儿的健康成长服务，同时也更好地宣传幼儿园，是大型活动的意义所在。

四、提升对幼儿园大型活动的认识

导致“幼儿园办学人感到无奈，园长们感到苦恼，教师们感到辛苦”的原因是老师们在长期的传统思维模式下形成的一种认识上的误区。那么，我们是否可以打破传统，换一个角度来看问题，改变惯有的思维方式呢？这就要求我们重新梳理幼儿园大型活动与课程、大型活动与特色建设、大型活动与招生宣传、大型活动与提升办园水平、大型活动与家长工作之间的关系。

（一）大型活动与课程

幼儿园要把大型活动办成教育幼儿的一个过程——大型活动是幼儿园课程建设的内容及载体。幼儿园的大型活动是幼儿园教育教学活动的重要组成部分，它是由幼儿园的管理者根据幼儿园的实际情况以及本园幼儿的发展需要确定的，如“庆‘六一’活动”“亲子春游”“冬季运动会”等，同时也自然渗透于幼儿园的教育活动之中。幼儿园大型活动的内容与种类非常丰富，形式也多样，这样的丰富性其实体现了幼儿园课程的丰富性。对于如此丰富的教育资源，我们不能单一地把它看成是幼儿园常规工作的一种形式，或者说是为了某一个节日而不得不开展的一个活动，而是应该把它作为幼儿园课程建设的组成部分。从这样的一个角度来诠释幼儿园大型活动，它的价值就大不一样了。比如，在综合类大型活动“玩具交易会”中，可以把它的目标定位为：

（1）通过玩具交易活动，让幼儿初步感受商品交易和数学知识的生活化运用过程，提高幼儿的社会交往能力；

（2）通过“爱心门票”“义卖和捐赠”等活动，培养幼儿的爱心；

（3）通过“家庭奇趣玩具展”活动，让幼儿在交流中拓宽玩具世界新视野；

（4）通过系列活动，让幼儿了解资源的循环使用，体验低碳生活，培养幼儿初步的环保意识；

（5）进一步增进亲子感情，促进社区和谐。

而在“十周年园庆”这个规模盛大的主题活动中，可以将它的内容设计为以下系列活动：

（1）建园十周年庆典暨文艺演出；

（2）“十周年园庆”首届玩具交易会；

（3）“十周年园庆”暨迎新年运动会；

（4）“十周年园庆”亲子手工作品大赛；

（5）“十周年园庆”幼儿美术作品展；

（6）园庆十周年发展回顾展。

前文中曾提及，大家一谈到大型活动就感到累，是因为大家把大型活动当成与幼儿园课程建设没有关系，需要利用额外时间来加班完成的一种活动。当大型活动的主题确定以后，我们会不会把大型活动的内容纳入幼儿园课程内容的统筹之中呢？大部分幼儿园不会做这样的思考，而是随意地增加大型活动；在整合大型活动的内容时，也不会进行适宜的筛选。结果是教师辛苦，孩子疲惫。比如，举办艺术节，很多幼儿园要求教师既不能影响上课，又要完成文艺演出的节目排练任务，结果是教师累得喘不过气来，孩子们也因为每天安排的排练任务而产生厌倦心理。如果我们把大型活动视为幼儿园课程建设的一部分，那么管理者就要全面考虑大型活动的目标定位、内容选择、组织方式以及活动评价，同时还要对幼儿这段时间的学习内容进行有效的整合。让我们再回到刚才的艺术节话题，艺术节偏重于幼儿艺术领域的发展，因此，幼儿园在安排本学期课程内容时不但要适当减少艺术领域的一些内容，还要改变艺术节就是要花费大量时间来排练节目的固有思维方式，要把艺术节的内容通过一日生活中集体、小组、个别的方式来完成。比如，传统的“六一”庆祝活动，通常幼儿园会举办一台节目，内容包括合唱、舞蹈、童话剧等。其中，合唱节目可以采用集体的方式进行教授与排练，就相当于平时的集体音乐课；童话剧部分可以采用小组教学和个别练习相结合的方式。这样就把艺术节的活动内容放入幼儿的学习活动中，而不是安排另外的时间来完成，坚持了幼儿园一日生活的组织原则，平衡了学习内容，保证了幼儿的游戏时间和自由活动时间，真正把艺术活动的开展融入幼儿园的课程中。

大型活动应该与日常教育教学紧密结合。出于这样的定位，大型活动的设计就应该体现它的生活化特点，我们在达成大型活动的教育目标时，其方式与时间也应该做出相应的调整。首先，把大型活动列为幼儿园学期教学计划的一部分，也是课程建设的一个重要方面；在策划大型活动前，管理者应该对幼儿园各个班级的学期教育教学内容有清楚的了解，活动尽量与教育教学的内容相吻合或相关，甚至可以通过大型活动来完成某些教育教学内容。比如，“六一”庆祝活动中，就可以改变单纯的“文艺演出”形式，既可以进行跨年级的大带小庆祝活动、跨班级的互动交流活动，也可以让各班根据自己班级特色准备不同的游戏，还可以全园一起进行游园活动等。这些内容都来源于教师平日的教育教学。通过这种全园性的大型活动，给教师和孩子提供了展示的机会，全面地体现了素质教育的成果，同时也不给教师增加过多的负担，家长和幼儿更是喜欢。当然，也可以将既定的大型活动融入一日课程的教学中，而不是人为地单独腾出一个时间。实施的方式也可调整，比如，艺术类的活动，可以将节目的排练与音乐教学融合在一起。

从以上活动的目标定位和内容设计可以看出，大型活动的开展已经和幼儿园的课程目标、内容结合起来，把大型活动的过程办成了实践课程目标的过程。

（二）大型活动与特色建设

要把大型活动办成幼儿园特色建设的一个过程——大型活动是幼儿园特色建设的途径与方法。幼儿园大型活动的开展必须与特色建设结合起来。在开展幼儿园特色建设的过程中，大型活动往往是展示幼儿园特色和总结成果的最好方式。比如，有体育特色的幼儿园把历届“体育节”作为特色建设的一个过程；善于举办“舞台表演”的幼儿园会将在文艺演出中形成的特色变成“艺术节”来诠释特色建设的方式；“故事节”也常常成为语言特色幼儿园开展特色建设与特色宣传的一个重要途径。深圳有一家幼儿园，其每年大班幼儿的毕业典礼成为该幼儿园的特色品牌。该幼儿园的毕业典礼包括两部分，第一部分为典礼部分，气氛非常隆重，家长们和每一位现场嘉宾都要穿着正装，每一个毕业生都要穿上礼服按照统一的要求上台从园长那里领取毕业证书，充分体现了幼儿园对礼仪教育的重视；第二部分为戏剧表演，所有毕业生都参与现场表演。不只如此，整个戏剧表演的前后过程，包括故事欣赏、剧本编排、角色分配、服装设计，甚至音乐的选择与配置，幼儿都参与其中。

（三）大型活动与招生宣传

要把大型活动办成招生宣传的一个过程——大型活动是幼儿园服务社区、对外招生的有力宣传工具。我们来对组织大型活动的效益进行一个考量：一所幼儿园，花那么多精力、物力、财力去组织大型活动，期望带来哪些效益呢？首先，是考虑该活动对幼儿的发展能带来哪些效益。幼儿园大型活动是幼儿园综合利用各种教育资源，与家庭、社区密切合作，为幼儿的发展提供有益的身心经验的一种教育形式。其次，还应考虑该活动会为幼儿园的发展带来哪些社会效益。教育效益短期内不一定很快能体现出来，这就需要幼儿园充分利用有效的活动来宣传自己，扩大影响，扩大社会效益。大型活动蕴含着幼儿园的办园理念，诠释着幼儿园的教育理念、教育内容与教育方式，也可以说是多种活动在某一方面的汇总和提炼，同时反映出幼儿园的办园水平、办园质量。社区家长也常常通过参与大型活动来了解幼儿园，所以说，大型活动还是幼儿园服务社区、对外招生的有力宣传工具。因此，幼儿园往往把大型活动作为社区、家长了解幼儿园的一个门户。这样的大型活动应该面向本园的全体幼儿，同时吸引社区幼儿参与，以班级或年级为单位组织开展。

比如，在一年一度的“玩具交易会”活动中，除了在园幼儿、家长参加以外，还可以邀请社区的家长带幼儿参加，既服务了社区，又让社区周围的家长加深了对幼儿园的了解，更是宣传了幼儿园。再如，在每年 7 月的“大班毕业典礼”中，幼儿园可以邀请即将入园的准家长带幼儿参加，让家长们亲身感受幼儿园三年培养出来的孩子是怎样的，这既是毕业成果的展示，也使得家长对自己孩子的未来成长充满了期盼。

当然，招生宣传只是大型活动价值体现的一个方面，大型活动的宣传只是招生的一种途径，全面了解大型活动的价值与意义则是更为重要的方面。

（四）大型活动与提升办园水平

要把大型活动办成提升办园水平的一个过程——大型活动是幼儿园文化建设的一个过程，是提升幼儿园办园水平、促进教师专业成长的有效措施。文化与管理从来不可分割。管理是一种文化现象，管理需要文化精神，管理追求文化认同，管理要运用文化技巧。管理的过程就是文化建设的过程，文化管理就是管理的最高境界。幼儿园文化建设是一个幼儿园的灵魂工程，是幼儿园最核心、最重要的一项工作。大型活动的开展过程也是幼儿园文化建设的一个非常重要的机会与过程。我们来看一个大型活动的组织要点：

（1）组织机构明确、清晰；

（2）全体参与，责任到人，人员分工合理，紧密相连；

（3）工作要求明确，具体精细，具有可操作性；

（4）放权与监督，提升活动的执行力。

由此可见，在一个大型活动中，团队合作是非常重要的，而在这样的一个合作中，团队文化精神是大型活动能否顺利开展的重要保障。每一次大型活动的开展，都需要全体教职工鼎力配合。无论是一线幼儿教师还是后勤工作人员，平时在各自的岗位上工作，很少交流与配合，即便都是班级老师，如果不在同一个年级组，基本上也很难有机会合作。大型活动打破了这样的常规岗位，同事间因为大型活动的开展，有了合作与交流的机会，“团结、合作、沟通、团队意识、顾全大局、责任意识、执行力、换位思考、坦诚待人、相互维护、互相欣赏”的团队文化也因此有可能慢慢建设与形成。

幼儿园大型活动也是教师专业成长的重要途径。大型活动与教师的专业成长紧密结合。幼儿园不管开展什么样的大型活动，都需要教师的积极参与和密切配合。而教师的专业能力与活动的效果有很大的关系，如果教师不具备相应的专业能力，就很难完成一个高质量的大型活动。比如，组织一个“故事节”活动，如果教师连选择、讲述、加工、延伸故事情节的基本素养都没有，那么“故事节”的质量就不会很高，也很难让幼儿受益。因此，管理者在组织大型活动时，不仅要考虑活动本身，还要考虑如何通过活动来促进教师的专业成长。比如，系列大型活动需要花费大量的时间、人力与物力，如果幼儿园行政班子不放权，把系列活动的责任都揽在自己身上，那么是非常辛苦和低效的管理方式。相反，如果充分信任教师，让骨干教师成为系列活动的负责人，教师参与活动的积极性、活动的执行力就会很高，而教师在参与管理的过程中需要具备的统筹、组织、协调、专业决策等能力，也一定会得到提升。

（五）大型活动与家长工作

要把大型活动办成培训家长的一个过程——大型活动是幼儿园培训家长、资源共享、家园沟通的最好方式。让家长参与大型活动，既是培训家长的过程，也是让家长了解幼儿园细致工作的过程，家长们只有亲自参与了，才能体会幼儿园工作的不容易和教师的辛苦。比如，在“玉树赈灾”的活动中，某幼儿园让家长参与活动的策划与组织以及方案和新闻稿的撰写工作。在“玩具交易会”活动中，让家长参与捐赠与拍卖工作，同时监督幼儿园的公益捐款。此外，还可以让家长参与艺术节的演出、化妆、协助给幼儿换衣服等，参与故事节的亲子表演，在春游中当导游，参与每一次大型活动的安保工作等。通过这样的方式，既实现了资源共享，又在活动中系统地培训了家长，更让家长在进一步了解幼儿园工作的过程中不断更新教育观念，改进自己的教育行为。

五、幼儿园大型活动的种类与内容

通常人们一说起大型活动，就会想到“六一”儿童节、迎新年等节日庆祝活动。其实，我们应该从更广一点的角度进行思考。

确定幼儿园大型活动的种类与内容时，要全面考虑幼儿的学习与发展。我们可以从五大领域的角度来思考大型活动的分类问题，如体育类（体育节、运动会、操节展示等）、艺术类（艺术节、合唱比赛等）、语言类（读书月、故事汇、故事比赛等）、科技类（科技节）等，而典礼类（毕业典礼、周年庆典活动等）、节日类（“三八”国际妇女节主题活动、“九九”重阳节等）、亲子类（亲子运动会、亲子讲故事等）、综合主题类（玩具交易会、捐赠活动等）尽管从字面上看似乎不能划入五大领域，但具体到每一个活动内容，最终还是可以归结到五大领域的课程内容之中。以上分类可以更好地帮助我们统整幼儿园大型活动的内容，从而系统地考虑幼儿的全面发展。对于每一种大型活动，我们都要具备通过大型活动促进幼儿的全面发展、达成幼儿整体发展的目标这样一种思想。

那么，不同的年龄班适合开展什么类型的大型活动呢？小班幼儿适合一些亲子类的大型活动，而竞赛类、典礼类、科技类的活动适合大班幼儿参加，中班幼儿则适合主题类、艺术类活动。当然，很多活动，小、中、大班都适合开展，如“三八”国际妇女节主题活动、运动会等，只是不同年龄阶段的幼儿参与活动的方式和活动设计的内容是不一样的。比如，在运动会上，同样是“趣味竞赛活动”，小班幼儿可以以亲子的方式开展活动，而中、大班幼儿可以自己参与一些项目。

六、幼儿园大型活动需要遵循的原则

大型活动需要遵循一定的规律与原则，才能确保活动科学、有序、健康地开展。计划性、整合性、生活化、生成性、游戏化、个性化、地方性、评价的过程性以及安全性等，是我们开展大型活动以及实践《指南》必须遵循的原则。

（一）幼儿园大型活动开展的计划性原则

很多幼儿园存在大型活动开展计划性不强或无计划问题。幼儿园园长往往根据个人的喜好或想法随意确定学期大型活动的主题，甚至还有园长根据自己刚刚在观摩其他幼儿园时获得的大型活动信息，临时决定幼儿园本学期大型活动的方向，这些都没有充分考虑到幼儿园的实际情况和活动的执行者——教师的意愿和想法。既然大型活动是课程的一部分，就要求管理者要对学期大型活动做一个全盘的考虑，而不是临时计划，让教师们感到无所适从。还有一点，要控制活动的频率。我们提倡大型活动课程化，但这并不意味着大型活动开展得越多越好。幼儿园一定要根据本园一年的工作重点、季节特点、大型活动本身的特点等各个方面来做一个综合的考虑与计划，要从统筹课程的角度来统筹大型活动的内容。

以下是一所幼儿园制定的大型活动课程安排思路表（见下页表）。

幼儿园大型活动是我园课程的重要组成部分。经过多年的摸索，我园逐步形成了通过体育节、艺术节、故事节、玩具交易会等系列大型活动的组织实践课程目标的模式。为了更好地挖掘大型活动潜在的课程功能，宏观平衡我园的课程内容，确保我园课程目标的实现，现形成大型活动课程安排思路。

幼儿园大型活动课程安排思路表

活动名称	时间安排	实施要点
体育节	上学期 两年一次	1. 与故事节错开 2. 通过人人参与、兴趣培养、知识了解、团队合作，培养幼儿参与体育运动的兴趣以及团队的合作精神，促进幼儿身心全面发展 3. 鼓励家长积极参与，与孩子共同感受活动过程中的快乐 4. 通过体育节系列活动的开展，帮助家长了解我园课程的实质，展示我园的健康教育特色
艺术节	下学期 一年一次	1. 结合“六一”国际儿童节开展活动，是我园庆祝“六一”国际儿童节的载体 2. 注重艺术节的活动过程，与幼儿园课程目标相结合 3. 发挥家委会及家长义工队伍的作用
故事节	上学期 两年一次	1. 与体育节错开 2. 通过引导幼儿读书、讲故事等活动，培养幼儿对阅读的兴趣，让孩子勇于大胆讲述，使他们在阅读和讲述中获得成长的快乐 3. 全面开展家庭阅读活动，鼓励家长积极参与并关注孩子的阅读，形成良好的家庭读书氛围，增进亲子感情
玩具交易会	上学期 10 月份 一年一次	1. 通过玩具交易活动，提高幼儿的社会交往能力 2. 让幼儿了解资源的循环使用，培养幼儿初步的环保意识 3. 通过“爱心门票”“义卖和捐赠”等活动，培养幼儿的爱心 4. 让幼儿初步感受商品交易过程 5. 进一步增进亲子感情，促进社区和谐

总之，幼儿园无论组织开展什么样的大型活动，都应切合实际，因地制宜，既有短期目标，又有长远考虑，只有这样，才能收到良好的教育效益和社会效益。

（二）幼儿园大型活动教育的整合性原则

大型活动教育的整合性原则包括教育内容的整合与教育方式的整合两个方面。幼儿的发展是一个整体，我们要关注幼儿的学习与发展的整体性，就要注重大型活动各领域之间、目标之间的相互渗透和整合，考虑大型活动内容的全面性和整合性。比如，“快快乐乐过‘六一’”大型活动包括六个部分的内容：

（1）把爱传出去“六一”特别活动；

（2）小班年级组：“快快乐乐过‘六一’”食品共享活动；

（3）中班年级组：家园同乐庆“六一”联欢；

（4）大班年级组：在幼儿园的最后一个“六一”——我带爸妈环游世界；

（5）全体幼儿庆“六一”——环保时装设计和制作比赛；

（6）全体幼儿庆“六一”时装秀。

以上大型活动涵盖了社会、自然、情感、态度、人际交往、能力培养等方面的内容，这样的安排符合大型活动教育的整合性原则。

教育方式的整合则是指整个大型活动的组织方式多样化，有自由的谈话活动、热烈的讨论活动、愉快的郊游活动……从谈话活动到品尝、制作活动，无一不是幼儿从理解到表达、从模仿到创新、从接受到运用的整合过程。这种做法的益处是，当教师有意识地向幼儿提供了发现和满足他们自己的各种需求（玩耍、好奇、探索）的机会时，就会使幼儿的自身发展得到满足，这种满足反过来又进一步激发起幼儿的愉快情绪和继续活动的愿望，从而促进了他们的发展。在“端午节”的大型活动中，幼儿通过参与感知、操作、分类、思考、讨论、表达、创造等多方面的智力活动和技能学习，不断地从不同角度或不同层次进行探索，并获得不同程度的发展。瞧，有的孩子用语言大胆地表达，有的孩子创作出了热烈欢快的图画，而这些绝对不是教师三言两语就能替代的。正因为教师没有把自己当作“讲述者”、知识的“传声筒”，幼儿才能学得如此轻松，收获如此丰厚。

整合性原则要求既尊重幼儿的主体性，也不能忽视教师的引导作用，必须兼顾幼儿的兴趣和全面发展的需要，对大型活动内容进行分析、评估，将某些具有学科特殊性的课程（如语言、美术、体育等）自然、有序地安排到幼儿的活动中，平衡并充实大型活动的内容，避免大型活动内容出现明显偏差，使大型活动内容保持一个动态的平衡，既满足了孩子不同的学习需要，又保证了他们发展的全面性。

（三）幼儿园大型活动与幼儿生活紧密结合的生活化原则

大型活动的定位应由“舞台化”转变为“生活化”，由“形式化”转变为“课程化”。基于以上认识，大型活动的开展应遵循生活化原则。在选择课程内容时，我们应注重结合幼儿的真实生活及已有经验，将贴近幼儿生活的、幼儿感兴趣的、具有教育价值的、能促进幼儿发展的素材作为课程内容的首选。这不仅指幼儿在幼儿园的生活，还要考虑到他们在家庭、在社会中的生活。在本书大型活动方案部分中，体育节、运动会、操节展示等都是非常传统的大型体育类活动。这些活动常常在幼儿园进行，由幼儿园策划组织专题活动，更偏重于学科领域的内容，与幼儿的生活距离比较远。“户外体验式运动”则改变了固有的思维模式，通过组织幼儿参与远足、爬山等与幼儿生活紧密结合的运动，让幼儿感受与体验生活中运动的快乐，获得身心健康发展。“玩具交易会”更是通过生活化的实践参与，让幼儿在交易活动中感受商品交易的过程，从而获得丰富的相关经验。

（四）根据幼儿在活动中的变化不断调整活动内容的生成性原则

大型活动不是静态的，而是通过对幼儿的观察和评价不断调整的一个螺旋上升的动态过程，是让教师在活动准备、活动开展的过程中提升专业的过程，也是家长在提问、沟通、参与中不断学习的过程。《幼儿园教育指导纲要（试行）》（以下简称《纲要》）指出，幼儿园的教育应该为幼儿一生的发展打好基础，使他们在快乐的童年生活中获得有益于身心发展的经验。因此，大型活动的组织首先要考虑是否有利于幼儿的终身发展，不能片面追求社会效益或者盲目满足家长的要求，应该始终明确幼儿是活动的主体，要尊重幼儿的人格和权利。而依据目标设置的大型活动内容往往比较注重社会对幼儿的要求。为了协调社会要求与幼儿发展之间的关系，我们还应从幼儿的兴趣出发，使幼儿园大型活动内容的预成性和生成性融为一体，并把活动内容牢牢地建立在动态的教育活动实践中，积极为幼儿提供多种形式的自主性活动的机会和条件，让幼儿有机会真正成为大型活动的主体。在实际操作中，教师们不再单纯地追求大型活动的内容是否按照计划完成，而是真正把幼儿的实际发展状况和遇到的实际情况作为调整活动内容的主要依据。

比如，在“亲子快乐行——我们去春游”活动中，幼儿园发现幼儿对春游的计划、物品准备等内容非常感兴趣，于是生成了“让幼儿根据自己的经验，和老师、同伴讨论并一起制订春游的各项具体计划；和家长一起准备春游的各种物品；看导游图比画春游的路线”等活动内容，让幼儿体验一个完整的、能够自己做主的春游。这样的活动充分尊重了幼儿，并根据幼儿在活动中的变化不断调整活动内容。

（五）亲身体验、实际参与的游戏化原则

课程不仅是既定的教材和计划，更是与幼儿的经验和需要密切相关。幼儿的学习是以直接经验为基础的，课程要给幼儿提供体验、操作、感受的机会，它是由一个动态的设计和决策过程所创造出来的，大型活动所承载的课程内涵更应该如此。只有让幼儿亲身体验、实际参与活动并感受和经历学习的过程，才能给幼儿留下深刻的印象。而游戏化是幼儿的主要学习方式，因此大型活动更需要将游戏方式贯穿其中。

比如，在“国庆民族大团结体验活动”中，某幼儿园一改传统做法，引导幼儿围绕“56个民族”的主题探究活动，通过查资料、角色扮演、制作品尝各民族食物等系列活动，让幼儿在游戏中感受民族文化气息，从而激发幼儿热爱祖国的情感。再如，在运动会上，某幼儿园通过“幼儿趣味竞赛活动”“足球友谊赛”等游戏活动，提升活动的趣味性。在这样的活动中，教师摈弃了经验主义做法，渗透新的教育观和儿童观，调动幼儿的感官，促进他们的发展，变“教给幼儿”为“让幼儿主动建构”。又如，在某幼儿园组织的端午节活动中，为了让幼儿了解端午节的来历，教师改变了过去“我教你学，我讲你听”的师生单向信息传递模式，采用让幼儿回忆、谈论端午节的方式，在丰富的感性经验基础上，通过课件、出示实物、讨论等活动帮助幼儿了解并强化了对端午节的认识。通过包粽子、尝粽子等活动，让幼儿再次体验端午节给人们带来的快乐。

（六）尊重幼儿个体差异的个性化原则

要充分尊重和理解幼儿发展中的个别差异，切忌用一把“尺子”衡量所有的幼儿。在大型活动中，幼儿园要充分尊重幼儿，并根据幼儿的年龄特点、性格差异、兴趣特长与幼儿不同的学习方式，为幼儿提供个性化发展的机会和全面发展的教育环境。比如，有的幼儿喜欢唱歌，有的幼儿则拥有舞蹈的特长，不同性别的幼儿也有不同兴趣的差异，这样在艺术节大型活动中，幼儿园就要为幼儿创设展示个性的舞台，让幼儿充分展示自己的特长，建立自信心。再如，在运动会上，每个幼儿都有自己喜欢的体育项目，甚至有的幼儿不喜欢运动，这就要求幼儿园要考虑到为不同气质的幼儿提供不同的发展机会，促使幼儿在个体的基础上通过活动获得进步和发展。

（七）整合当地资源的地方性原则

任何课程都具有一定的地域性，而地域资源往往也会影响课程内容的形成。此外，儿童的成长也会受到周围环境中他人所携带的特定文化的指引。基于这些认识，在选择大型活动的内容时，幼儿园要考虑本土文化和教育资源，要充分挖掘、利用社区及家长资源，充实大型活动内容。比如，某幼儿园想借助“九九”重阳节这个特殊的日子对幼儿进行“爱老敬老”教育。通过了解，教师们发现老人颐养中心就在幼儿园附近，于是，颐养中心成为该幼儿园进行这个主题活动的资源所在。

教科研工作是幼儿园工作的重要组成部分，是幼儿园创建园本特色的重要方式，是体现幼儿园综合实力的重要标志，也是促进幼儿园教育教学工作的有效手段。某一个幼儿园在开展“幼儿园早期阅读”课题研究的过程中，通过一年一度的大型故事节活动，向老师们提出了明确的要求：活动必须围绕课题研究展开。在提出要求的同时，幼儿园也给予了老师们必要的支持和指导，包括讨论和修改活动方案，给予人力和物力支持，满足老师提出的合理要求等。这样，该园的教师在设计故事节活动时，就把相关的研究内容结合到了活动中。比如，将故事节的活动内容与亲子阅读结合在一起，将故事节的过程与一日生活环节相融合，充分利用社区资源开展故事节活动等。此外，孩子们参与活动的照片与录像以及教师们的活动方案、教育叙事和教学反思等，通过整理都成了课题研究的有效资料。教师们通过这种活动，不但提高了组织班级活动的能力，还提高了充分挖掘教育活动资源的能力。

（八）坚持幼儿园大型活动的参与性、过程性原则

幼儿园和教师应重视大型活动开展的过程，而不只是关注活动的结果。比如，“幼儿操节展示”是幼儿园常见的大型活动，不应该只由家长、专家、教师负责评委工作，还可以安排中、大班的幼儿担任。此外，还要改进传统的评比指标。评比指标，无论是对参赛者（幼儿）还是对评委（成人与幼儿），都具有导向作用。因此，操节展示的评比指标，除了队伍整齐、服装漂亮等成人的评价标准外，还应该增加动作有力、笑容灿烂、团队合作等从幼儿的角度出发的指标。

（九）坚持幼儿园大型活动开展的安全性原则

再好的活动，如果发生了安全事故，也称不上是一个好活动，因此安全性原则是至关重要的。首先，幼儿园大型活动开展前的安全检查非常重要，主要包括活动场地、器材、道具的安全等。比如，在“体育节”开始之前，工作人员要细心检查各种体育器械是否有损坏或不完整，活动场地有没有尖锐、锋利的东西，现场观众的位置是否拥挤等。在“艺术节”开始之前，我们要认真检查幼儿使用的道具是否结实。其次，活动内容和形式的安全也要考虑。比如，大型活动全园开展和分年级组开展、在户外开展与在室内开展所隐含的安全系数是不一样的，全园的、户外的大型活动相对分年级组、室内的活动安全隐患会更多一些。不同的活动内容也会有不同的安全隐患存在，比如，运动会存在幼儿受伤的隐患，冷餐会存在食品的安全隐患等。再次，安全性原则还要求我们在设计活动时必须一切从实际出发，要有各种大型活动的安全保障方案和安全应急预案，预测可能发生的隐患和其他可能发生的安全事故，确保大型活动的安全。大型活动如果在户外开展，就要考虑交通、

户外现场的安全保障等。最后，对全体幼儿和教职工开展大型活动前的安全教育，也是非常重要的一项安全工作。

最好的教育就是影响。以上述九大原则为基础开展的大型活动，要为幼儿优秀品质的养成和身心健康发展提供最好的影响，这也是我们开展大型活动最重要的意义与价值所在。

第一单元

幼儿园大型活动的组织与策划方法

大型活动的组织与策划是幼儿园大型活动的核心工作，也是实践“新时期幼儿园大型活动开展新理念”的重要过程，能够帮助大家解决最基本的方法问题。

一、幼儿园大型活动的组织与策划流程

按照一个完整的大型活动开展的顺序，大型活动的组织策划流程如下：活动定位—集思广益—方案撰写—组织、执行—总结与提升。活动定位是对整个大型活动最基础，也是最核心的一个想法；集思广益则是对活动定位的诠释和丰富；在两者的基础上形成翔实、可操作的方案；组织、执行是活动的核心工作，是在方案指导下的具体操作；总结与提升是对大型活动最后的汇总和反思。

二、幼儿园大型活动的组织与策划要点

幼儿园大型活动的组织与策划要点不仅包括对大型活动开展的意义与目的、活动人数、活动时间、活动地点、活动内容以及经费等做一个定位，还包括集思广益的价值、活动方案的撰写、组织执行的要求等几个方面。只有从思路上明确，大型活动才能顺利开展。

（一）大型活动的定位

这个定位，通常是由幼儿园的管理人员讨论完成的，如园长、行政人员等，主要是对本次活动的意义、目标、人数、时间、地点、内容、经费等基本要素做一个确定。

1. 活动的意义与目标是什么

活动意义是大型活动首先应该明确的一件事。幼儿园开展大型活动，是要庆祝还是要宣传？是想促进家庭配合幼儿园的工作还是进行课程建设？明白为什么要做，就是为“怎样做”指明方向。只有明白为什么要做，才能统一思想，让参与活动的人知道做这件事情的意义。活动目标，则是指在意义指导下具体要达到的目标，定位的核心是要考虑到幼儿的全面发展。活动目标分为两部分内容：一部分要考虑幼儿园办园水平的全面提升，比如，通过大型活动的开展促进家园合作、团队建设、课程展示、特色建设等；另一部分要考虑本园幼儿的发展，要整合幼儿的发展目标，从认知、情感和技能等方面促进幼儿的全面发展。

2. 多少人参加

多少人参加决定着活动的规模。是全园幼儿还是部分幼儿？是全体家长还是相关家长？社会人士是否可以参加？常规的大型活动，本园家长参加即可；但如果要考虑专业交流、同行联谊、社会宣传等，则可以考虑邀请幼教同行、上级领导以及社区周边的单位代表等参加。另外，参与大型活动的幼儿人数、规模取决于大型活动的种类与内容，比如，各类节日庆典、幼儿园园庆、大型体育节、艺术节等适合全园幼儿参加，而毕业典礼、社会慰问等专题类活动适合大班幼儿参加，小班则倾向于亲子联谊、亲子运动会与亲子制作等活动。

3. 需要多长时间

时间的安排需要考虑两个方面：一方面是整个活动需要多长的时间完成，有些活动一天就可以完成，有些活动需要通过系列小专题来开展，活动时间要根据整个大型活动的目标、种类、内容来确定；另一方面要明确具体的时间。比如，“六一”活动，不管有无系列活动，一般都会选择 5 月 31 日为活动的最后一天，而“六一”当天留给父母陪陪孩子。

4. 地点选择在哪儿比较合适

活动地点通常选择两个地方：园内与园外。没有特殊要求的活动尽量安排在园内，园内开展大型活动有很多好处，既能确保幼儿的安全，操作流程又很方便，大型活动开展的安全性和活动效率都会比较高。大型演出、户外活动等对场地要求比较高的大型活动，通常选择在园外开展。

5. 活动内容选择什么

活动内容的选择是大型活动计划的核心内容，要充分考虑目标的达成，也就是根据活动目标来确定具体的活动种类，从而进一步选择活动内容。回到前面谈到的“园庆”，因为定位的是“庆祝、宣传、培训家长、课程成果展示”等目标，所以才有了“建园十周年庆典暨文艺演出、玩具交易会、迎新年运动会、亲子手工作品大赛、幼儿美术作品展、园庆十周年发展回顾展”等系列活动的组织与安排。

6. 经费需要多少

大型活动的经费包括场租费、服装费、道具费、宣传费、设计费等。对于大型活动的经费，幼儿园需要提早做预算。经费预算是大型活动方案中非常重要的一个部分。幼儿园应尽量整合资源、精心计划、节省费用，用最少的钱做最好的活动。比如，开展“艺术节”，经费使用主要体现在活动宣传、场地租用、服装道具等方面，如果这些开支全部由幼儿园承担，可能压力会比较大，所以在活动宣传方面尽量用本园的专职电教或专职美术老师，自己设计，然后拿到专业店制作，可以节省一笔宣传费用的开支；场地租用方面也可以尽量考虑上级主管部门的场地和本系统学校可以借用的一些场地，尽量避免商业租用带来的昂贵消费；服装道具方面则考虑与家委会合作筹资，服装道具的设计、购买尽量注重生活化，演出完了以后还可以在生活中使用，这样家长出点费用也不会有意见。

（二）策划工作的集思广益

在完成对大型活动的定位以后，接下来是将管理层的想法通过层级管理的方式下放到年级组、班级，让一线老师们参与讨论，并将讨论收集到的意见反馈到行政决策层。通过这样“自上而下，再自下而上”的参与方式，将决策层与执行层最初的想法进行统一、拓展和完善。只有让教师集体参与策划活动细节，才可能丰富大型活动的内容，提升大型活动的执行力。所以，园行政领导班子要带领教师进行充分的讨论与完善，力求新颖、完美。

当然，策划工作要考虑两点：一是怎样构思具体活动；二是活动的畅想。比如，本书后面方案中的“幼儿园周年庆典”活动案例，管理层首先把活动的意义与目标定位为“庆祝、宣传、家园配合、课程建设”，把活动的规模定位为“全体师生、家长”，然后组织一线骨干教师进行讨论，集思广益。一线教师根据管理层的定位将活动内容进一步具体化，选择了“我爱我的幼儿园”主题活动、“我心中的幼儿园”幼儿美术作品展、“幼儿园知多少”有奖问答、“建园十周年庆典暨文艺演出”等活动内容，充分体现了“把园庆的过程办成教育幼儿的一个过程和与幼儿一起成长的过程”的活动宗旨。管理层又根据一线教师的参与细化活动方案，进一步提出具体的实施要求：本次活动既要成为促进幼儿园团队文化建设、提升幼儿园办园水平的有力措施，也要成为幼儿园培训家长、资源共享、家园沟通的最好方式。所以，全体教职工要带着感情去做，要用最出色的方式完成整个活动，实现个人智慧与团队合作精神的完美结合。可见，从活动的主题到活动策划，围绕“庆祝、家园配合、课程成果”等目标，幼儿园管理层带领教师进行了充分的讨论与完善，力求新颖、完美。

（三）活动方案的撰写

我们看到一些幼儿园组织的活动，甚至是专业机构承接的活动，都存在这样的问题：创意很好，但是由于缺乏操作方面的设计，在操作过程中出现很多问题，违背了原创精神或者没有达到原创水平。所以，在方案确定以后，还要进一步进行操作方面的设计，也就是具体活动方案的撰写工作。

1. 活动方案的重要作用

活动方案是活动的行动指挥棒，其撰写工作既是梳理前面的工作，也是进一步细化计划的过程，通过制订和撰写方案明确活动的目标、工作的重点、人员分工以及活动的进展。因此，幼儿园应该高度重视大型活动方案的制定与撰写。

2. 活动方案撰写的基础

要顺利完成大型活动方案的撰写工作，需要具备两个成熟的条件：一是前期必须要有从决策层到执行层共同参与讨论的过程；二是确定撰写方案的人。撰写方案的人员必须是后续活动的直接组织者或者重要的参与人，只有这样的人才能把方案写得更具有可操作性，方案才会有价值。

3. 活动方案撰写的要点

大型活动方案的撰写包括指导思想、活动目标、内容（构思）、活动时间、活动地点、组织实施（组织机构、人员安排、分工要求、活动要求、工作细则、活动宣传等）、经费预算等几个方面的内容。

（四）组织、执行是整个活动的关键环节

在组织大型活动的过程中，成功与失败的机会只有一次。因为大型活动不同于拍电影、电视，拍电影、电视能拍三四组镜头，最后再剪辑，但是大型活动每一次都是现场直播，一旦出现失误就很难弥补了。

1. 要进行方案培训

在大型活动实施过程中，如果参与的工作人员不了解全局的策划意图和实施计划，就不能很好地执行大型活动方案。尽管在方案制定的过程中很多教师参与了，但幼儿园的其他工作人员如后勤人员、医务人员等对方案并不熟悉，因而需要对工作人员进行方案培训。方案培训的过程也是全体教职工统一认识、建设团队文化的过程。只有知情才能出力，要让参与的每一个人都清楚方案的每一个细则，比如，在本次活动中自己所承担的工作任务是什么，什么时间做什么事情，需要与谁合作，有问题应该找谁等。

2. 组织机构要明确

组织机构是大型活动开展的组织保障。一般来说，大型活动的组织机构从职能上可以分为总策划或总负责（园长）、总执行（教学副园长或教学主任）、后勤工作（后勤主任）三大块，下面再分为各年级组和后勤部门；还有一种就是园长和教学副园长组建成管理组，下面根据各个小组的职能分成活动执行组、环境布置组、后勤服务组（物品提供、安全保障、嘉宾接待）、家长工

作组等，开展各项工作。

3. 全体参与，责任到人，紧密相连

幼儿园的大型活动一定是全体参与的一个活动，活动的组织也要求责任到人、团结合作。以“幼儿园周年庆典”活动为例，本次庆典活动的基本要求是：①全体教职工齐心协力、共同参与、团结合作、群策群力，不计个人得失，为幼儿园“十周年园庆”活动的圆满成功而全力以赴；②服从自上而下的统筹安排，各组明确目标，分工合作，加强沟通；③做好活动中全体教职工和幼儿的保健工作，及时处理意外事故；④制订安全、保健计划和预防措施，制订后勤工作计划，保证活动的正常开展；⑤充分利用家长资源，鼓励家长参与，确保活动高效完成。

4. 工作要求精细，具有可操作性

大型活动的工作要求应该是明确而细致的，只有明确、细致的要求才能让执行活动的人有效操作。比如，“幼儿园周年庆典”系列活动之“我心中的幼儿园”幼儿美术作品展活动的要求是：①小、中、大班各有不同的侧重点；②小班亲子共同参与，中、大班可尝试合作或集体作画的方式。

5. 提升放权与监督的执行力

放权与监督既是管理中的一对矛盾，也是团队的一种合作机制。对于大型活动布置给老师们的任务，幼儿园要充分放权。比如，幼儿园每年一次的大班毕业典礼，完全可以放手给大班年级组来承担，活动方案的设计和具体活动的执行完全可以让年级组长带领年级组老师来统筹设计。行政领导在具体的工作中发挥两大作用：一是提供服务，如场地租用、经费支持等；二是明确具体的活动要求与检查时间，根据要求和指定时间进行监督和推进。比如，对于毕业典礼的节目质量与典礼要求，行政负责人可以选择一个双方认可的宽松的时间进行视察并提出改进意见，这样的交流既尊重了一线教师的劳动，也把握了大的方向。

6. 要关注环境渲染的气氛

在大型活动中，环境能发挥营造气氛的作用，所以，要根据大型活动的种类布置环境，重点是体现主题，如节日主题、新年主题、运动会主题等，然后根据主题选择合适的材料进行气氛的渲染。比如，“体育节”可以考虑各种励志与渲染体育气氛的标语，场地的布置与摆放的器械也是很好的环境材料；又如，“艺术节”可以精心设计宣传海报和表演的舞台；“节日庆祝”活动可以通过悬挂气球、彩带等进行气氛的渲染。

（五）总结与提升是大型活动中必须要做的工作

总结体现在两个方面：一方面是过程中的总结，比如，文艺演出的最后三次彩排与联排，每一次彩排后负责人要把所有的工作人员召集起来开会讨论，让负责每一项工作的工作人员先自己总结，如灯光的操作要求是否明确，音乐的衔接与音量的大小是否适宜，服装与灯光配合的效果如何，前台与后台的合作是否顺畅，后台搬运道具人员是否及时将道具按要求摆好，等等，然后再围绕这些内容来做相应的调整；另一方面是活动最后的总结，包括大型活动资料的整理，如方案、音乐、照片、台词等的收集。此外，还有通过本次活动需要提升的地方，为下一次活动积累经验和资料。比如，“毕业典礼”结束后，要围绕整个活动，从方案撰写、过程设计、组织排练、现场彩排、后勤支持、家长配合以及团队合作等方面，进行回顾、总结并提升。“行成于思”，要鞭策大家在思考中前进，在思考中成长。

第二单元

幼儿园大型活动的组织与策划方案

第一单元的内容让大家统一了认识，而以下提供的各类活动方案，既有笔者多年来积累的经验，也有笔者与一线教育工作者在交流互动中创编的一部分案例。本单元有两个目标：一是汇集各种方案，让大家参考，帮助大家了解每一种大型活动需要思考的一些关键点；二是希望通过这些案例体现幼儿园大型活动课程构建的全面性、整合性以及生活化、游戏化原则。无论怎样的方案，都是基于前一单元认识基础上的说明与解读，呈现的目的也不仅仅是为大家提供一些活动案例，更希望通过案例来提升人们对大型活动的认识。所以，在每个案例前，都有一个“使用导引”，旨在让读者理解这个案例带给人们的思考与价值。因此，这里的案例也不一定都是可以原封不动照搬的，我们只有充分地考虑当地的经济和文化、幼儿园办园理念、幼儿园保育工作、家长工作情况等诸多方面，才能用得更恰当、用得更好！

一、体育类

方案1 “健康快乐一起来”体育节活动

【使用导引】

“体育节”是幼儿园大型活动中非常普遍的一类活动。本案例通过“我参与，我运动，健康快乐一起来”体育精神的传递、体育课程的展示、“体育知识知多少”有奖问答、“健康常识”专题讲座、“健康娃娃”评选等系列活动，将幼儿园体育课程与幼儿发展、体育精神与体育文化、家长工作与社区宣传整合，让幼儿在过程中体验，在活动中受益。向幼儿传递积极向上、健康快乐的体育精神，营造良好的幼儿园快乐体育文化氛围，是本体育节活动方案的核心价值所在。

【活动目标】

（1）通过体育节系列活动的开展，营造幼儿园良好的体育活动氛围，传递积极向上、健康快乐的体育精神。

（2）培养幼儿初步的团队合作意识、规则意识和竞争意识以及参与体育运动的兴趣，感受和体验运动带来的快乐，增强幼儿体质，促进幼儿身心健康、和谐发展。

（3）帮助家长了解幼儿园健康课程，向家长以及社区展示健康向上的体育特色风貌；鼓励家长积极参与，与孩子共同感受活动过程的快乐。

【活动准备】

（1）场地准备：根据年级组及体育项目的需求进行不同场地的划分。

（2）环境准备：在幼儿园网站上设“体育节”专栏；在幼儿园外墙悬挂条幅，条幅内容为“运动、快乐、体验、分享”“传递健康，展示自我”；在幼儿园一楼门厅布置运动员照片等。

（3）经验准备：各班教师组织幼儿练习体育节各项体育项目。

（4）材料准备：礼花、横幅。

（5）嘉宾邀请：提前邀请领导、嘉宾、社区家长代表、报社媒体等。

【活动地点】

幼儿园。

【活动时间】

冬季。

【活动形式】

全园开展。

【人员安排】

成立“体育节”组委会：

（1）组长：园长——总指挥。

（2）副组长：教学副园长或教学主任——总执行。

（3）系列活动负责人（每组有一个负责人）：教学组、后勤组、年级组、团支部、工会、家委会、综合组。

系列活动小组：

（1）教学组：负责体育节开幕式、闭幕式和“健康娃娃”评选活动。

（2）后勤组：负责材料购买、场地安排以及“我参与，我运动，健康快乐一起来”“传递健康，展示自我”等体育口号横幅的制作工作。

（3）年级组：负责体育课程展示系列活动。

（4）团支部：负责“我参与，我运动，健康快乐一起来”体育精神传递活动。

（5）工会：负责“健康常识”专题讲座。

（6）家委会：负责“体育知识知多少”有奖问答与家长义工工作。

（7）综合组：负责摄像、摄影、音响、救治、场地秩序维护、门卫安全。

【系列活动内容】

（1）“我参与，我运动，健康快乐一起来”体育精神传递活动。

（2）体育课程展示系列活动（阳光晨练，身体锻炼大循环，教师体育教学活动观摩）。

（3）“体育知识知多少”有奖问答。

（4）“健康常识”专题讲座。

（5）“健康娃娃”评选活动。

【活动流程】

体育节开幕式—体育节系列活动—体育节闭幕式暨颁奖仪式。

【活动过程】

（一）体育节开幕式

1. 设计要点

体育节开幕式是整个体育节的开场与定位。开幕式通过运动员进场与退场、升旗、园长与运动员代表讲话、年级组操节展示等几个环节，为整个体育节营造了开场的热烈氛围，也为体育节系列活动的开展做了铺垫。

2. 活动要求

● 体育节开幕式当日，请家长凭票入场，每个家庭一张门票，按指定区域入座，以确保活动的秩序和安全。

- 由于场地的限制，开幕式现场不安排家长摄影、摄像，幼儿园将统一拍摄并刻录光盘，家长统一购买。

3. 活动流程

- 运动员入场（1 分钟）。
- 升旗仪式（2 分钟）。
- 园长致欢迎词（2 分钟）。
- 运动员代表讲话（1 分钟）。
- 运动员退场（1 分钟）。
- 各年级组操节展示（30 分钟）。

附 1：“健康快乐一起来”体育节活动通知

尊敬的家长朋友们：

为弘扬民族文化，营造幼儿园良好的体育氛围，传递积极向上、健康快乐的体育精神，促进孩子们身体、心理方面健康和谐发展，我园设计了“健康快乐一起来”体育节系列活动。通过活动，让孩子们感受体育精神，通过人人参与、团队合作，培养我园幼儿参与体育运动的兴趣以及团队的合作精神。本次体育节共包括七大板块：

- ◆ 体育节开幕式。
- ◆“我参与，我运动，健康快乐一起来”体育精神传递活动。
- ◆ 体育课程展示系列活动。
- ◆“体育知识知多少”有奖问答。
- ◆“健康常识”专题讲座。
- ◆“健康娃娃”评选活动。
- ◆ 体育节闭幕式。

为保证本次活动的顺利开展，现请您支持、配合如下：

（1）请准时参加活动。

（2）活动过程中，严格遵守活动要求，服从工作人员及家长义工的管理。

家长朋友们，我们期待您的参与，让我们和孩子们一起，为传递积极向上、健康快乐的体育精神而努力！

××幼儿园

×年×月×日

附 2：小运动员代表致辞

亲爱的爸爸妈妈、爷爷奶奶、叔叔阿姨、老师、小朋友们：

你们好！

今天是一个开心的日子，我们迎来了盼望已久的“健康快乐一起来”体育节。我代表所有的运动员向大家保证：我们一定会在本次体育节中积极参与，敢于尝试，传递快乐，团结合作。在此，我预祝体育节取得圆满成功！最后，祝大家：身体健康，万事如意！

附 3：“健康快乐一起来”体育节开幕词

尊敬的各位领导、来宾，亲爱的家长朋友们：

大家下午好！

首先，请允许我代表幼儿园全体教职工和孩子们向出席本次“健康快乐一起来”体育节开幕式活动的各位领导、嘉宾、家长朋友们，致以最热烈的欢迎和最诚挚的感谢！现代社会提出人的全面发展要求，所谓全面发展，应当是包括一个人的个性品质和身体素质在内的各方面的和谐发展。健康教育是培养孩子们综合素质的重要途径，只有拥有强健的体魄，才能更好地去学习、去生活，才能健康、快乐地成长。为此，我园特意策划和设计了“健康快乐一起来”体育节系列活动，旨在让更多的家长和孩子们一同感受快乐运动的魅力，传承“积极向上，健康快乐”的体育精神，促进孩子们身心健康发展！我们期待着，本届体育节取得圆满成功！

谢谢大家！

附4：体育节开幕式现场工作人员分工及主要职责表

项目	负责人员	具体负责内容及要求
现场总负责	园长	现场总监督，突发事变的决策
现场总指挥	副园长或教学主任	现场总指挥，现场总负责
安全、后勤总负责	后勤主任	检查现场安全部署情况，观众、领导席位的安排及后勤物资的临时调配工作
义工总负责	家委会会长	所有义工的分配、安排及家长义工组长的选定
接待	办公室工作人员	接待领导、各姐妹园园长，安排家长义工负责门口签到，幼儿礼仪迎宾
现场秩序与安全	安保人员	负责现场秩序的维持工作以及门口车辆、幼儿意外情况的处理
主持	教师与幼儿	负责调控现场气氛和整个活动的程序
节目催场	教师	负责开幕式每个环节的催场工作
音响	电教老师	提早准备开幕式整场演出的音乐、话筒配备及其他备用设备
摄影、摄像	可考虑外请专业人员	负责拍摄工作（重点、角度和方法）
放礼花	厨房工作人员	放礼花（最后结束时分别由四个角同时放礼花）
条幅垂放	安保人员	最后结束时和放礼花同时进行

（二）体育节系列活动

1.“我参与，我运动，健康快乐一起来”体育精神传递活动

（1）设计要点

由幼儿园行政领导代表、团支部成员以及中、大班幼儿代表等组成一支“体育精神”传递小分队，由行政领导带队到所属教育局、街道办、社区、姐妹园等进行“我参与，我运动，健康快乐一起来”体育精神传递活动，鼓励孩子们主动向叔叔阿姨介绍幼儿园体育节系列活动，传递“健康快乐一起来”的健康理念，并主动邀请叔叔阿姨签名、盖章、留影，以支持体育节活动。

（2）活动要求

- 教师、幼儿统一穿幼儿园园服。
- 确定好路线，根据活动的影响性、宣传性以及配合活动开展的实效性，确定要传递的对象，再确定传递的路线。
- 做好保证活动顺利开展的相关准备，如车辆准备、“我参与，我运动，健康快乐一起来”的条幅等。
- 做好安全预案，确保活动的安全。
- 提早确定好时间、地点、对象，做好事前沟通，不让幼儿等待。

附：体育节体育精神传递活动工作人员安排表

项目	负责人员	主要职责
负责	园领导	负责路线制定及带队、联络工作
带队	团支部	负责组织2名教师及6名幼儿代表
交通	园司机	按照路线负责送传递人员到相关地点
道具	美术老师	负责条幅制作工作

2. 体育课程展示系列活动

（1）设计要点

- 阳光晨练：以年级组为单位，提供各种体育器械或体育游戏场景，播放动感的音乐，让幼儿尽情参与，展示幼儿参与体育运动的阳光状态。
- 身体锻炼大循环：身体锻炼大循环是由多个动作组合在一起在户外开展的综合性集体锻炼运动，充分运用幼儿园的大型玩具、幼儿园的建筑和平衡木、轮胎、体操垫等体育器械，配合动感的音乐，以年级组为单位，组织幼儿进行体能运动。
- 体育教学活动观摩：展示小、中、大班三节由体育教师执教的集体体育课，邀请同行观摩并开展研讨活动，让“体育教学观摩研讨活动”成为体育节的一部分，营造良好的体育教研氛围。

（2）活动要求

- 阳光晨练：要提供足够的场地与器材，并将场地按功能分成平衡区、绳类区、攀爬区等功能区域。

- 身体锻炼大循环：由于小班幼儿的运动经验不足，所以此活动更适合在中、大班开展，时间控制在 10 ～ 15 分钟为宜；运动量的设计要科学、合理，大运动量和小运动量交替进行，有快有慢，尽量让幼儿有一个缓冲状态；活动时，尽管每个班的出发点不同，但幼儿必须按照这个顺序一环扣一环地进行运动。
- 体育教学活动观摩：要加大对该活动的宣传力度，通过宣传让同行与家长了解幼儿园体育节活动的设计内涵。现场观摩研讨的时间与场地要在幼儿的一日生活中自然进行，不要为了研讨而影响幼儿的一日生活，要控制观摩教师的人数，同时做好参与观摩人员的组织工作。

3.“体育知识知多少”有奖问答

（1）设计要点

- 向家长和幼儿发放问卷，家长和幼儿合作答题后在规定时间内交给班主任，幼儿园向完成答题工作的家庭发放纪念品。
- 结合周一晨会进行“体育知识知多少”抢答赛，为活跃现场气氛，可适当用小贴纸等小礼物奖励答题正确的幼儿。

（2）活动要求

- 参与者为幼儿园全体幼儿和家长。
- 竞赛试题设计应考虑各年龄阶段幼儿的特点，注重趣味性、互动性，要贴近幼儿的生活。
- 答题要求：竞赛试题共 40 道，全部为填空题；答题卷上必须填写的信息是参赛人姓名和所在班级；务必保持答题卷的整洁度，只有用黑色或蓝色的笔在试卷上答题才有效；“体育知识知多少”抢答赛每期有 5 道题，均为试卷上的题目。

附：“体育知识知多少”有奖问答家长通知

尊敬的家长朋友们：

为了帮助孩子们了解一些关于体育方面的基本常识，现开展“体育知识知多少”有奖问答活动，欢迎家长朋友及您的孩子参加。凡是积极参与，认真用黑色或蓝色的笔答题，且全部答完后卷面整洁，并于 × 月 × 日前上交到班级的家庭，幼儿园将发放纪念品一份。另外，我们还将在每周的晨会上进行四期“体育知识知多少”抢答赛，每期有5道题，均为试卷上的答题，对当场回答正确的幼儿奖励一份小礼品。欢迎您和您的孩子踊跃参加本次活动！

×××幼儿园

× 年 × 月 × 日

4.“健康常识”专题讲座

（1）设计要点

由幼儿园家长委员会牵头，邀请园医、家长中的专业人员或外聘专业人士等对全体家长、教职工宣讲有关“健康常识”方面的知识，包括合理饮食、科学运动、疾病预防等，家长按需要报名参加。同时，邀请社区的幼儿家长参加，宣传健康理念，传递正能量。

（2）活动要求

- 家委会事先组织问卷调查，汇总家长的需求并根据家长的意见讨论制定活动方案。
- 讲座采取现场互动的方式。
- 邀请社区的幼儿家长参加，宣传健康理念，传递正能量。
- 家长要提早报名，分散人流，确保讲座质量。
- 家长来听讲座前安排好幼儿在家的生活。

5.“健康娃娃”评选活动

（1）设计要点

以年级组为单位全园开展。以《指南》中幼儿的发展指标为依据，根据幼儿园实际情况以及不同年龄班特点，围绕幼儿的身体发展和生活习惯拟定“健康娃娃”的评价指标。活动采取自愿报名的方式，以一个学期为周期，学期初启动，学期末评选；每学期初由幼儿家长提出书面申请，幼儿所在班级教师按照园方统一的评价标准进行评选工作，凡符合评价标准的均可入围，不限名额，幼儿园在学期末评出符合条件的“健康娃娃”并在散学典礼仪式上统一表彰。通过“健康娃娃”活动的开展，鼓励幼儿主动参加各项体育运动，培养幼儿对体育运动的兴趣和坚持上学、爱护眼睛以及不挑食的良好生活习惯，全面增强幼儿的体质，提升幼儿园健康教育水平，丰富课程特色内容。

（2）活动要求

- 成立“健康娃娃”活动组委会，成员由家委会、幼儿园家长工作小组共同组成，具体负责审核班级上报入围名单、征集意见、宣传、学期末颁奖等工作。
- 加大活动的宣传力度，通过网络、书面通知、宣传标语等宣传方式制造一定的影响，为活动的顺利开展做宣传。
- 各班积极做好“健康娃娃”评选活动的动员和整个活动的组织与跟进工作，重点做好学期末的评选工作，要求客观、真实、公正。
- 让家长进一步了解幼儿园的课程理念，明确活动目的，并积极参与到指导孩子进行各种体育运动和培养良好生活习惯的过程中，真正做到家园教育同步。
- 做好有关资料的收集与整理工作。

附 1：“健康娃娃”申请表

幼儿姓名		性别	
年龄		所在班级	
申报理由			
家长签名： 申请时间：			

附 2："健康娃娃"评选条件

①身高、体重达标，无肥胖。

②视力良好。

③无贫血（先天性轻度贫血者除外）。

④学期幼儿出勤率达 90% 以上。

⑤"体能五项"测查达标。

⑥能按时吃完每餐的食物。

⑦不咬手指甲，不吮吸手指。

⑧各个年龄阶段生活习惯与技能要求达标（见下表）。

年龄阶段	生活习惯与技能要求
小班幼儿	第一学期：愿意饮用白开水，在提醒下每天早晚刷牙、饭前便后洗手
	第二学期：能将玩具与图书放回原处，会穿袜子，会区分左右鞋
中班幼儿	第一学期：常喝白开水，每天能用正确的方法早晚刷牙、饭前便后洗手
	第二学期：会正确使用筷子，能自己穿脱衣服、鞋袜、扣纽扣
大班幼儿	第一学期：主动喝白开水，每天早晚主动刷牙
	第二学期：自己系鞋带，会分类整理衣被、书包，会主动收拾好自己的物品

（三）体育节闭幕式暨颁奖仪式

1. 设计要点

闭幕式是整个体育节的结束部分，通过武术表演、家长体育技能展示和颁奖三大板块内容的呈现，把体育节气氛推到一个高峰，同时为本次体育节画上一个圆满的句号。

2. 活动要求

- 要求全体师生与家长参加。
- 做好颁奖的音乐、奖品的准备工作以及嘉宾的安排工作。
- 时间控制在 30 分钟以内。

3. 活动流程

● 武术表演（8 分钟）。

●“健康娃娃”评选、“体育知识知多少”有奖问答颁奖（8 分钟）。

● 家长体育技能展示：踢毽子、花样跳绳（5 分钟）。

●“体育节”圆满结束。

附：家长体育技能展示说明

踢　毽　子

踢毽子是历史悠久并且流传很广的民间体育活动，它不但可以活动筋骨，促进健康，还能增加生活的趣味性，使生活多姿多彩。闭幕式环节开展此活动，为家长提供了在幼儿面前展示的舞台，丰富了家长们的生活乐趣，营造了“全员总动员，一起来运动”的热烈氛围。

1. 难易程度：从集体到个人，先是全体家长在操场中间站成一个圆形，集体踢一个毽子；然后，站成两排两两对踢；最后，个人踢。

2. 每班推荐一位家长，共 14 位家长参与。

3. 将大班课间操中的体能音乐作为背景音乐。

4. 时间大约为 5 分钟，配乐曲《喜洋洋》。

花 样 跳 绳

1. 由两人负责甩长绳，其他成员排成“8”字形状，跟随音乐，循环从绳子中部位置跳过。

2. 时间大约为 5 分钟，配乐曲《花好月圆》。

方案 2　操节展示活动

【使用导引】

操节是幼儿园一日生活的一个重要环节，幼儿园通常会组织幼儿做早操或课间操，通过做操来提升幼儿的精神，培养团队合作品质，锻炼幼儿的身体，舒缓学习给幼儿带来的疲劳。操节比赛则是许多幼儿园经常开展的一项竞赛活动，幼儿园常常通过操节比赛来达成以上目的。本方案针对传统的操节比赛活动，尝试进行两个方面的改变：一是彻底改变传统操节比赛的定位，将“操节比赛”改为“操节展示”，这样的改变意味着“操节展示”只是一种展示活动，所以就不能将获取比赛结果作为活动的终极目标，而是把它变成让幼儿展示自我与团队合作以及教师分享与交流创编操节课程经验的一个过程。幼儿园操节展示注重的不仅仅是新颖的操节编排、整齐的队列队形以及动听的音乐带给大家的视听觉冲击，还有幼儿积极的情绪、团队合作的意识以及每一个幼儿是否认真完成标准动作等评价指标的改变；二是改变评委的结构。传统的操节比赛是幼儿展示，成人评分。本活动的评委分成幼儿评委组与成人评委组两个组。幼儿评委组由中、大班幼儿代表组成，让中、大班幼儿参与到评价标准的讨论与评价工作中，让幼儿成为活动的主人，让幼儿评价同伴，并且尊重每一个幼儿的评价结果，以此提升幼儿参与互相评价、认识自我的综合辨析与挑战自我的能力。成人评委则由幼教专家、园长代表、教师代表等专业的团队组成，评价的重点是操节的编排方面，如编排的操节是否符合幼儿的年龄特点和本园本班幼儿的实际情况，操节结构的完整性与运动量是否合理，各年龄班操节难易度的科学衔接，以及操节中音乐的选择是否适宜等，将这样的过程变成教师交流操节课程建设经验的一个过程，从而实践“一日生活皆课程”的理念。

【活动目标】

（1）通过操节展示，为幼儿提供参与团体展示的机会，培养幼儿为团队付出努力以及团队合作的精神。

（2）鼓励幼儿参与评价工作，让幼儿成为活动的主人，提升幼儿参与互相评价、认识自我的综合辨析与挑战自我的能力。

（3）将操节展示的过程变成教师分享、交流创编操节课程经验的一个过程，促进幼儿园操节课程建设，实践“一日生活皆课程”理念。

【活动准备】

（1）场地准备：嘉宾席、评委席、比赛场地、观众场地。

（2）经验准备：各班教师组织幼儿排练操节。

（3）材料准备：评委计分表、音箱（轻柔音乐）、摄影和摄像器材。

（4）评委及评分标准：组织中、大班幼儿讨论操节的评分标准（仅供幼儿评分使用），选定幼儿、专家、园长、教师评委组。

【活动地点】

幼儿园操场。

【活动时间】

秋冬季。

【活动形式】

全园一起分年级组开展比赛。

【人员安排】

（1）行政人员：负责聘请嘉宾及现场接待嘉宾。

（2）教学组、年级组：负责活动策划、执行。

（3）后勤组：负责布置场地、购买物品、制作海报。

（4）家委会：负责家长义工、家长表演工作。

（5）其他角色：摄像、摄影人员，音响负责人员，场地秩序维护人员，门卫安全。

【活动流程】

升旗仪式—介绍评委组、比赛规则及参赛团队—园长宣布比赛开始，班级进行展示—家长“运动秀”（统计各班总分）—颁奖。

【活动过程】

（一）升旗仪式（9：00—9：05）

1. 设计要点

升旗仪式在本次操节展示活动中起到尊重国旗教育、礼仪教育和培养团队精神的作用。本环节由中、大班幼儿合作完成。升旗手 2 名，由大班幼儿担任；护旗手 8 名，由中班幼儿担任。全体旗手着专门的服装，出场时旗面朝上，护旗手拉住四角将国旗护送至升旗台，升旗手接过国旗，伴随音乐在主持人的口令“升国旗，奏国歌”指挥下完成升旗动作。

2. 活动要求

- 大班幼儿负责升旗工作。
- 中班幼儿参与护旗手工作。
- 现场全体人员面向升旗台行注目礼。

（二）介绍评委组、比赛规则及参赛团队（9:05—9:10）

1. 设计要点

- 介绍参赛团队：全体幼儿参加，以班级为单位计分评比。以颜色区分班级：一班幼儿贴红色标识，二班幼儿贴黄色标识，三班幼儿贴蓝色标识，四班幼儿贴绿色标识。
- 介绍评委组：评委有成人、幼儿两个组。成人评委组由专家代表、园长代表、教师代表组成，幼儿评委组由中、大班幼儿组成。
- 介绍比赛规则：主持人介绍比赛规则。

2. 活动要求

- 主持人介绍参赛团队时要结合现场的方队。
- 介绍比赛规则时要突出幼儿评委组，成人评委组的规则不需要现场介绍，提供文字资料即可。

（三）园长宣布比赛开始，班级进行展示（9:10—10:50）

1. 设计要点

比赛开始，各年级组按照主持人的语言指示依次上台展示操节。主持人根据现场情况，结合年级组操节编排情况与班级团队进行介绍。

2. 活动要求

- 要求全体运动员认真展示团队风貌与个人风采，为集体赢得荣誉。
- 各年级组做好进场与退场的衔接。
- 注意观察现场观众的座位安排与秩序维持。

（四）家长“运动秀”（统计各班总分）（10:50—11:00）

1. 设计要点

“运动秀”是专门为家长量身定做的一套体育技能组合，随着音乐背景，家长装扮成不同的运动形象，如跑步者、跳绳者、打羽毛球者、拔河者、排球健将、篮球运动员等，集体在幼儿面前展示健康、积极的运动形象，为幼儿树立榜样。

2. 活动要求

- 选择大、中、小班的家长代表，其中有年轻的父母，也有年迈的老人，有体育专长的家长可以优先考虑。
- 家长们要努力展现出积极参与体育运动的精神风貌。

（五）颁奖（11:10）

1. 设计要点

分小、中、大共三个年级颁奖，各年级分别设最佳展示奖 1 名、最佳活力奖 1 名及最佳风采奖 2 名。

2. 活动要求

- 颁奖过程要紧凑，各班要提前安排好领奖代表，颁奖嘉宾要按照颁奖、合影等程序提前接受培训。
- 要提醒幼儿对获奖班级用掌声表示祝贺。

附 1：操节展示活动主持词

1. 进场、升国旗

主持人：“运动、合作、快乐”× × 年 × × 幼儿园操节展示即将开始。这是一支训练有素的队伍，瞧，他们个个步伐矫健、昂首阔步地向我们走来。（音乐响起，小朋友进场，到第一根白线处）

主持人：各位领导、来宾、小朋友们，大家好！

沐浴着和风，在凉爽宜人的季节里，在 ×× 幼儿园以“快乐体育”为特色的系列健康教育活动中，今天，我们又迎来了 ×× 幼儿园 ×× 年操节展示活动。首先，请允许我介绍今天到场的嘉宾，他们是……

让我们用最热烈的掌声对他们的到来表示欢迎和感谢！

下面进行升旗仪式，请嘉宾起立。请小旗手出场（音乐响起）。

（音乐停后）下面升国旗，奏国歌，全体师生及嘉宾行注目礼（礼毕，请嘉宾入座，请小选手们向后转——退场）。

2. 介绍规则

主持人：幼儿操节展示活动马上就要开始了，我首先为大家介绍操节展示的规则（省略，见下页的附2、附3）。

3. 操节展示

主持人：首先进场展示的是小班年级组的全体小朋友。小班早操突出了游戏的特点，开汽车、小兔跳、扮星星等内容，锻炼了孩子们的跑、跳、走等能力。操节的音乐活泼动感，形象性强，充满了童趣。孩子们在这样美妙的音乐中运动、舞蹈，展现出他们天真烂漫、快乐活泼的性情。

接下来为大家展示的是中班年级组。这是一组由节奏感强、旋律欢快的歌曲组成的中班操节音乐，随着音乐不同的节奏，孩子们的动作时而欢快，时而优美；操节的队形变换和体能游戏培养了孩子之间、班级之间的合作，体现了操节的整体性；在欢快的音乐中，孩子们既锻炼了走、跑、跳等方面的技能，也感受到了运动带来的快乐！

最后，为大家精彩展示的是大班年级组。大班早操以锻炼幼儿的身体，提高幼儿的身体素质，弘扬中华民族文化为目标，以经典民乐为编排基调，体现了力与美、刚与柔的完美结合。

4. 家长“运动秀”

主持人：家长们既是老师的合作伙伴，也是孩子们的良师益友。为了给今天的操节展示增添乐趣，他们带来了精彩的“运动秀”，掌声有请家长朋友们闪亮登场！

5. 颁奖活动

主持人：家长们精彩的展示活动已经结束，评委组正在进行紧张的统计分数工作。下面，请小选手们按照各班的指定位置等待！

激动人心的时刻到了，现在公布各班展示的结果——

获得最佳风采奖的班级是……请嘉宾为获得最佳风采奖的班级颁奖，并合影留念。

获得最佳活力奖的班级是……请嘉宾为获得最佳活力奖的班级颁奖，并合影留念。

最后，获得最佳展示奖的班级是……请嘉宾为获得最佳展示奖的班级颁奖，并合影留念。

各位领导、来宾、小朋友们，今天的活动到此结束！感谢嘉宾朋友们！感谢全体老师和小选手们的精彩展示！谢谢！请小选手们按秩序退场。

附 2：操节展示活动评分表（成人使用）

年级组：＿＿＿＿＿＿　　　　评分人：＿＿＿＿＿＿

评分项目 班级	符合实际与年龄特点（3 分）	操节结构、动作与运动量适宜（3 分）	年龄、班级、难易度衔接合理（2 分）	考虑了幼儿发展的整体性（2 分）	总分	总名次
大一班						
大二班						
大三班						
大四班						

附 3：操节展示活动评分表（幼儿使用）

年级组：＿＿＿＿＿＿　　　　评分人：＿＿＿＿＿＿

评分项目 班级	精神饱满（2 分）	愉快合作（2 分）	队伍整齐（2 分）	动作有力（2 分）	服装整洁（2 分）
大一班					
大二班					
大三班					
大四班					

附 4：幼儿园操节展示活动入场券

× × 幼儿园操节展示活动入场券	
地址：__________	幼儿园：__________
时间：× × 年 × × 月 × × 日	

附 5：幼儿园操节展示活动奖状

× × 班：

在 × × 幼儿园 × × 年"快乐体育——幼儿操节展示活动"中，荣获"最佳展示奖"。特发此状，以资鼓励！

× × 幼儿园

× 年 × 月

方案 3 "我运动，我快乐"运动会

【使用导引】

运动会是为幼儿所喜闻乐见的体育类大型活动，幼儿园往往通过运动会来展示大型的体育项目，通常会在冬季举行。如何运用这样一个幼儿非常喜欢参与的大型活动来展示团队，展示自我，锻炼幼儿呢？本活动设计，通过幼儿趣味竞赛活动、足球友谊赛、创意运动会以及教职工、家长运动会四大活动来实现目标。其中，幼儿趣味竞赛活动、足球友谊赛充分考虑到幼儿的年龄特点；教职工、家长运动会似乎与幼儿无关，但也被安排成为运动会的内容之一，正是体现了"教育就是影响"这样一种理念，因为家长、教职工参与运动会，对幼儿就是一种潜移默化的影响；创意运动会则借助运动会这样的一个主题背景，从艺术、语言、社会等方面对运动会做了一种补充和延续。

【活动目标】

（1）通过让幼儿感受和体验"快乐运动"的过程，使他们积累参与大型

活动的经验（合作、交往、轮流与等待等），培养幼儿参与运动的兴趣以及团队合作的精神，提高幼儿的身体素质（力量、速度、灵活性、协调性、平衡感等），促进幼儿身心全面发展。

（2）让家长通过参与活动，了解幼儿园体育课程的生活化内涵，与幼儿园共同营造“快乐、健康”的运动氛围。

【活动准备】

（1）场地准备：对运动会场地进行检测与划分。

（2）环境准备：在幼儿园网站上设“运动会”专栏；布置运动会环境：主墙悬挂“我运动，我快乐，传递健康，展示自我”条幅；一楼门厅布置运动员运动的照片以及各项运动项目的照片。

（3）经验准备：各班教师组织孩子练习体育项目，大班幼儿排练升旗手的工作，运动员与家长代表为发言做准备。

（4）材料准备：礼炮、横幅、班牌、奖状、奖品等。

（5）文字准备：主持人主持稿，各班的班级介绍，运动员出场时的解说词。

【活动地点】

幼儿园操场。

【活动时间】

冬季。

【活动形式】

全园开展。

【人员安排】

成立“运动会”组委会：

（1）组长：园长——总指挥。

（2）副组长：教学副园长或教学主任——总执行。

（3）系列活动负责人（每组有一个负责人）：教学组、后勤组、体育组、年级组、工会、家委会、综合组。

①教学组：负责运动会开幕式、闭幕式与创意运动会。

②后勤组：负责材料购买、场地安排。

③体育组：负责足球友谊赛。

④年级组：负责幼儿趣味竞赛活动。

⑤工会、家委会：负责教职工、家长运动会。

⑥综合组：摄像、摄影、音响、救治、场地秩序维护以及门卫安全等。

【系列活动内容】

（1）运动会开幕式。

（2）幼儿趣味竞赛活动。

（3）足球友谊赛。

（4）创意运动会。

（5）教职工、家长运动会。

（6）运动会闭幕式。

【活动流程】

运动会开幕式—运动会系列活动开展—运动会闭幕式暨颁奖仪式。

【活动过程】

（一）运动会开幕式

1. 设计要点

开幕式通常是运动会正式开始的象征。运动员入场，升旗仪式，园长致辞，运动员代表、家委会代表讲话以及现场氛围的营造是开幕式的主要内容。

2. 活动要求

- 运动员入场，包括全体运动员，家长、教职工运动员代表。
- 为了营造运动会开幕式的热烈气氛，全体成员在主持人的示意下一起大声喊出“我运动，我快乐”口号。
- 各班班主任准备本班的介绍词，要求简洁明了，突显班级特色。

3. 活动流程

- 运动员入场（1 分钟）。
- 升旗仪式（2 分钟）。

- 园长致欢迎词（2 分钟）。
- 运动员代表讲话（1 分钟）。
- 家委会代表讲话（1 分钟）。
- 主持人带领全体幼儿喊口号“我运动，我快乐”，并宣布运动会正式开幕（1 分钟）。
- 运动员退场（1 分钟）。

（二）运动会系列活动开展

1. 幼儿趣味竞赛活动

（1）设计要点

以年级组为单位，每个年级组设 7 个项目，采取趣味竞赛的方式进行。小班以亲子互动方式为主，中、大班则根据幼儿的年龄特点将动作发展方面的技能以游戏的形式进行，多采取独立参与和合作的方式。通过开展合作游戏、竞技游戏，培养孩子互相合作、敢于竞争、不怕失败、坚忍不拔的意识，培养幼儿具有初步的团队精神。

（2）活动要求

- 要以班级为单位，开展竞赛前的常规练习。利用早间户外活动和日常户外活动时间组织幼儿开展“快乐体育”活动，如跳绳、转呼啦圈等，增强幼儿体质，使幼儿充分享受运动带来的乐趣。
- 各班级要加强安全教育，精心组织、周密安排，要遵守活动纪律，服从指挥。
- 裁判工作要做到严肃、认真、公平、公正。

附 1： 小班年级组幼儿趣味竞赛项目参考（节选）

比赛项目	比赛形式	比赛规则	器械与场地
开汽车	个人	跑道设起跑线和终止线，距离 10 米，终止线处以大雪糕筒为标记。幼儿两人一组，听到发令后开“小汽车”到雪糕筒处，绕过雪糕筒返回。最先到的为胜者	二楼跑道，口哨，玩具小汽车 2 辆

续表

比赛项目	比赛形式	比赛规则	器械与场地
推小车	亲子	从起点出发，家长双手握住小朋友的小脚，小朋友双手撑地向前快跑，先到终点者获胜	操场跑道，口哨
大小走	亲子	家长和孩子面对面拉手，孩子的小脚踩在家长的大脚上，两人相互配合从起点出发，先到终点者获胜	操场，口哨
爬爬乐	亲子	孩子从垫子爬过，跑至家长等待处，再由家长背着往回跑，先回到起点者获胜。记录每个幼儿的时间	大四班门口草地，垫子4块，口哨

附2：小班年级组幼儿趣味竞赛记录表

亲爱的小朋友：

欢迎你参加趣味竞赛活动！请你参加以下运动项目，完成后，把表格交到本班老师处，祝你玩得快乐！

幼儿姓名：__________　　幼儿班级：__________　　参赛时间：__________

比赛项目	家庭排名			
开汽车				
推小车				
大小走				
爬爬乐				

附3：中班年级组幼儿趣味竞赛项目参考（节选）

比赛项目	比赛形式	比赛规则	器械与场地
拍球	个人	参赛幼儿抱着皮球在指定的位置预备，听裁判口令开始拍球，1分钟之内拍球个数多者获胜	大厅
自行车比赛	个人	4名参赛幼儿听口令，同时骑自行车，绕开障碍物，往返骑车比赛，最先骑回的幼儿获胜	操场

续表

比赛项目	比赛形式	比赛规则	器械与场地
立定跳远	个人	幼儿两脚自然分开站立，站在起跳线后，脚尖不得踩线；两脚原地同时起跳，不得有垫步或连跳动作；丈量起跳线后缘至最近着地点后缘的垂直距离；每个小朋友可试跳两次，取其中成绩最好的一次。以厘米为单位计算	音乐厅
运易拉罐过障碍	亲子	比赛开始，由家长放易拉罐给小朋友抱住，数量由家长决定。小朋友需要抱着易拉罐单独过轮胎路和独木桥后，将手中的易拉罐放入大筐内。重复游戏，直至时间结束。在规定时间内，运送易拉罐多者获胜	后草坪

附 4：中班年级组幼儿趣味竞赛记录表

亲爱的小朋友：

欢迎你参加趣味竞赛活动！请你参加以下运动项目，完成后，把表格交到本班老师处，让我们一起为自己加油——更快！更高！更强！

幼儿姓名：＿＿＿＿＿＿　　幼儿班级：＿＿＿＿＿＿　　参赛时间：＿＿＿＿＿＿

比赛项目	比赛场地	所获名次				备注
拍球	大厅					
自行车比赛	操场					
立定跳远	音乐厅					
运易拉罐过障碍	后草坪					

附 5：中班年级组幼儿体育竞赛成绩统计

比赛项目	获奖幼儿名单
拍球 100 个以上	
自行车比赛第一名	

续表

比赛项目	获奖幼儿名单
立定跳远第一名	
运易拉罐过障碍第一名	

附 6：大班年级组幼儿趣味竞赛项目参考（节选）

比赛项目	比赛形式	比赛规则	器械与场地
袋鼠跳	亲子	4 对（1 大人 1 小孩）一组比赛袋鼠跳	大布袋，前草坪
滚轮胎	个人	4 人一组比赛	大厅，轮胎 4 个
跳 绳	个人	4 人同时进行（以 1 分钟限时计数）	操场
3 米投准	个人	4 人同时进行	音乐厅，4 个筐和 20 个沙包
立定跳远	个人	2 人同时进行	平地，画好跳远的刻度线

附 7：大班年级组幼儿趣味竞赛记录表

亲爱的小朋友：

欢迎你参加趣味竞赛活动！请你参加以下运动项目，完成后，把表格交到本班老师处，让我们一起为自己加油——更快！更高！更强！

幼儿姓名：__________ 幼儿班级：__________ 参赛时间：__________

比赛项目	所获名次				备注
袋鼠跳					
滚轮胎					
跳绳	__________下 / 分钟				
3 米投准	共计__________个				共投 5 个沙包
立定跳远	__________厘米				保留小数点后一位

2. 足球友谊赛

（1）设计要点

以班级为单位进行足球循环赛，参加对象为幼儿（不限男女）和家长代表。每个班级分为参赛组、啦啦队组、后勤服务组。参赛组的成员可轮流替换，啦啦队组由家长当啦啦队队长，后勤服务组要为参赛成员提供饮水、毛巾擦汗等服务。足球宝贝中场休息时表演“健身娃娃”。

（2）活动要求

- 参赛班级要组织学习，并讨论比赛规则。
- 啦啦队要积极为班集体喝彩。
- 每个班级参赛组携带有班级标识的足球背心，方便替换与区别。
- 园医要在现场做好安全与护理工作。

附 1：中班年级组（4 个中班）循环赛安排

第一场：中一对中三　第二场：中二对中四　第三场：决冠亚军

附 2：大班年级组（3 个大班）循环赛安排

第一场：大一对大二　第二场：大一对大三　第三场：大二对大三

3. 创意运动会

（1）设计要点

《指南》强调，幼儿的学习一定是在生活中进行的，所以大型活动也必须由原来传统定位的“舞台化”转变为“生活化”。创意运动会走出传统“舞台化”的定位，挖掘幼儿生活中的素材，以主题的方式开展“我了解的运动”“我的小设计”“我来布置环境”“我的运动计划”等活动，丰富了运动会的课程内容。

- 我了解的运动：设计“小朋友，你喜欢运动吗？喜欢哪种运动？你平时在哪里进行体育活动？和谁一起运动？请你说说自己喜欢的运动项目，以及使用的器械。你最喜欢的运动明星是谁？他参加的是什么项目？你为什么喜欢他”等问题，鼓励幼儿在爸爸妈妈的协助下，通过上网查询、剪报等多种方式收集相关资料并完成问卷，且能大胆地在集体面前讲述自己知道的常识。设计“家长朋友，你喜欢运动吗？喜欢哪些运动？你常和孩子一起运动吗”等问题对家长进行问卷调查。

- 我的小设计：引导幼儿收集家中各种体育器械，并向班级伙伴介绍体育器械的玩法；鼓励幼儿收集整理资料，尝试设计体育器械、运动口号、运动服装等。
- 我来布置环境：收集废旧的乒乓球、羽毛球，经过整理和美术装饰后，挂在教室的上空；收集各种体育器械和用品，布置成“体育世界”；通过图片、表格等记录形式布置主题墙面，让幼儿与环境互动，巩固和丰富相关知识；拍摄各种“运动小明星”照片，挂到班级门口附近。
- 我的运动计划：在了解运动项目的基础上，尝试制订自己的运动计划，可以用文字、绘画、剪纸等形式来表达，计划需说明每天（每周）要做的运动项目名称、运动时间等。积极尝试和父母沟通交流，并学会请求他们帮助，与父母配合完成计划。具体步骤如下：

①发放“亲子运动计划单”，请幼儿根据“我可以做的运动”选择合适的运动项目并制订详细的计划。

②收“亲子运动计划单”，教师评议，对每个幼儿的计划给以适当的建议，再返回给幼儿做适当的修改。

③幼儿在家长的帮助下执行运动计划，并坚持记录、总结。

（2）活动要求

- 要求中、大班幼儿参与。
- 家长要鼓励幼儿积极参与，并坚持运动与记录。
- 通过活动营造气氛，丰富运动会的内涵。

附 1：亲子运动计划单

尊敬的家长朋友：

我班“创意运动会”的主题活动已进行到“制订运动计划”的阶段，请您根据您孩子的情况引导其尝试制订个体运动计划，激发幼儿主动锻炼的愿望；鼓励幼儿积极参加和坚持运动，帮助幼儿体验运动的快乐，培养幼儿的体育锻炼兴趣。

我的运动强项：		
我需要加强训练的项目：		
需加强的项目	锻炼方式和方法	锻炼时间

注：项目指身高、体重、柔韧性、平衡性、速度、上肢力量、下肢力量七项；锻炼方法是指根据项目而定的一些切实可行的运动；锻炼时间请根据孩子的作息时间进行合理安排。

附2：运动记录表

尊敬的家长朋友：

感谢您和孩子一起做了一份了不起的“运动计划”，教师可能对你们的计划有一些建议，据此您可以对计划稍做调整。希望您能鼓励孩子认真地执行这份运动计划，并在下表中记录，记录全部完成后交回班上。

姓名：__________

运动项目	执行时间																								

注：能执行运动计划，请在表格中记录“★”；基本能执行，请记录“◆”；执行得不够理想，请记录“●”。

4. 教职工、家长运动会

（1）设计要点

教职工、家长代表在下午幼儿园将近放学的时候，以年级组为单位进行气排球、羽毛球、跳绳等比赛。组织幼儿观看，为老师和爸爸妈妈加油。

- 气排球项目：15人参加，其中1人做裁判，将其他14人分为两个小组，每个小组7人。5人上场比赛，2人候补。比赛采取3局2胜制，每局5分，先取3分者获胜。每局结束后休息5分钟，由胜方选择场地。
- 羽毛球项目：15人，选择1人做主裁判，2人为副裁判。采取淘汰制。单打赛2组同时进行，5分制，先取3分者晋级下一轮。2局后会产生3名胜利者。
- 跳绳项目：15人，选择1人做主裁判，2人为副裁判。首先进行长绳淘汰赛，主裁判计分，两名副裁判甩绳，其他12名成员跳长绳，循环跳长绳1分钟内没接上者淘汰。没有淘汰的成员进行下一轮的单人跳绳比赛（短绳）。可3人同时进行比赛，由裁判和副裁判计分。1分钟内跳绳数量最多者获胜。

（2）活动要求

- 组织幼儿观看的过程中，引导幼儿做啦啦队，感受成人运动会的氛围和快乐。
- 做好组织幼儿观看的安全工作，预防个别安全事故的出现。

（三）运动会闭幕式暨颁奖仪式

1. 设计要点

为本次运动会各项活动中表现突出的幼儿、家长及教师颁奖，并以班级为单位，以“我在运动会中的收获”为主题组织分享与交流。

2. 活动要求

- 家长朋友要全程参与。
- 分享与交流活动可事先在家庭进行。

二、艺术类

方案4 “快乐创意，展示自我”民族文化艺术节

【使用导引】

教育是传承人类文明、民族文化的重要方式。中华民族文化源远流长，具有典型而丰富的东方文化内涵。如何传承民族文化，是摆在我们面前非常重要的一个话题。本活动方案重点放在三个方面：一是通过活动的开展传承中华民族文化；二是满足不同年龄班幼儿对艺术活动的不同兴趣，发展幼儿的个性特长，提升幼儿的艺术修养；三是营造良好的艺术氛围，培养幼儿表现美和创造美的能力。在本次民族文化艺术节中，幼儿将与成人一起接触一些与中国民间文化有关的故事、歌曲、舞蹈、小工艺制作、游戏等，并以民间艺术携手幼儿园创意手工、绘本阅读、歌唱、舞蹈等校园文化，通过手工制作、经典阅读、艺术表现等手段，引领幼儿推开民间艺术瑰丽的大门，体验中国民间文化与人们生活的关系，感受中国民族文化与中国民间艺术的美。

【活动目标】

（1）通过各种文学、艺术、游戏活动，让幼儿尝试接触中国民间艺术，领略民族文化的魅力，了解我们的国家、民族，初步萌发爱家乡、爱祖国的情感，培养民族团结精神，获得有关民间艺术的审美经验。

（2）通过活动，提高幼儿各方面才艺表演的技能，培养幼儿大胆表现、大方表演的能力，提升幼儿的审美情趣和良好的艺术修养，更好地促进幼儿全面发展。

（3）师生、家长、社会人士齐参与，营造良好的艺术氛围，用艺术来影响幼儿，进一步推动幼儿园艺术教育的开展，倡导积极向上、健康和谐的幼儿园文化艺术风气。

【活动准备】

（1）完成艺术节方案的撰写工作。

（2）提前准备艺术节环境布置要用的材料。

（3）做好艺术节前期的宣传工作。

（4）整合教师、家长、社会等各方面的艺术素材资源。

【活动地点】

分专场在功能室、大厅与户外进行。

【活动时间】

5月12日—6月1日。

【活动形式】

全体师生和部分家长。

【人员安排】

（1）艺术节组委会成员：幼儿园行政班子成员、艺术组组长、家委会会长。

（2）总策划：园长。

（3）总执行：副园长（教学主任）、家委会会长。

（4）后勤安排：后勤主任。

（5）分场策划：年级组长。

（6）执行：各班班主任。

【活动流程】

开幕式—民族文化艺术节系列活动—闭幕式。

【活动过程】

（一）开幕式（5月12日）

1. 设计要点

全体教职工、家长、幼儿参加，主持人讲解本次艺术节的意义和系列艺术节活动，让全体幼儿和家长明确艺术节的主要活动内容。然后，幼儿根据本次艺术节的主要活动开始制订个人计划并与伙伴分享计划，为自己参与艺术节做一个准备。园长宣布艺术节开始，可以通过烟花、彩花、音乐等营造艺术节的氛围。

2. 活动要求

- 全体教职工、家长、幼儿参加，尽管是开幕式，但不需要以往类似的隆重与排场，只是一种启动仪式，仪式简单，但一定要正式。
- 要突出艺术氛围的营造，鼓励小班幼儿积极参与艺术节的活动，中、大班幼儿在成人的支持与帮助下根据艺术节的安排及自己的兴趣、特长制订艺术节的个人活动计划。

（二）民族文化艺术节系列活动（5月13日—5月31日）

1. 走进艺术校园

艺术是人类感受美、表现美和创造美的重要形式。幼儿参与艺术活动，主要是感受与欣赏所处环境的艺术美，激发表现美与创造美的兴趣。因此，创设一个蕴含美的元素以及富有民族特色的艺术环境，是鼓励幼儿参与艺术活动的前提与基础。“走进艺术校园”活动以多个民族主题为主线，引导幼儿参与布置幼儿园的环境，在活动中激发幼儿对艺术美的理解与感受、表现与创造。

（1）设计要点

幼儿园艺术环境的创设分为两个部分：一是幼儿园大环境，二是班级环境。

- 大环境包括幼儿园大厅、楼梯、班级走道墙面以及多功能厅等。这部分环境可以由幼儿园环境小组带领家长、大班幼儿完成。比如，大厅天花板可悬挂京剧脸谱、彩灯以及多种多样的扇与伞等民间艺术作品，将创意手工与民间艺术进行巧妙结合；楼梯、走道墙面可布置“中国传统节日”“中国神话故事”“中华传统美德”等主题环境；多功能厅、沙池展示台可以布置成民间艺术品欣赏台、师幼作品展示台，展示民间玩具、土布制品、草编作品等；游戏室、长廊上，可以有意识地为各年龄班幼儿提供丰富的民间游戏材料（如橡皮筋、沙包、毽子等），让幼儿自由选择游戏。幼儿在这样自由、宽松的天地里，可以兴致盎然地和同伴一起愉快游戏，在不知不觉中得到各方面的发展。

- 每班选择一个民间艺术主题，学习一种民间技巧，教师带领幼儿布置富有艺术节欢庆气氛的班级主题环境。环境布置工作完成后，以班级为单位进行班级民族环境的介绍，开展“民间技巧工作坊”开放活动，营造互相观摩、互相学习、互相交流、互相传授的民间艺术技能交流氛围。

（2）活动要求

- 要把布置环境的过程变为成人带领幼儿收集资料、设计环境、动手制作的过程。
- 提供多样化的民间手工材料，让幼儿在动手操作中感受丰富多样的民族文化，提升幼儿创造美的技巧。
- “民间技巧工作坊”可充分发挥家长助教的作用。

2. 玩玩民间游戏

（1）设计要点

参加对象为全园幼儿。首先以家庭为单位进行：爷爷奶奶带头，带着爸爸妈妈一起回忆小时候玩过的民间游戏，如踢毽子、跳绳、捡石子、跳格子、炒黄豆、丢手绢、顶锅盖等，然后带领孩子们唱唱传统的游戏歌谣，和他们一起做做爸爸妈妈甚至是爷爷奶奶小时候玩的游戏，帮助孩子们感受中国传统文化给生活带来的无限乐趣。接下来以班级为单位，各班教师收集整理各个家庭汇总的民间游戏，然后在班级互相交流学习，学会后再以年级组为单位进行交流学习。最后，可组织一次以年级组为单位的民间游戏沙龙活动，家长、教师与幼儿一起参与。

（2）活动要求

- 游戏收集：每位教师收集 5 个民间体育游戏，整理成册。每班收集 10 个适合该年龄段幼儿特点的民间游戏，并填写收集表。
- 班级民间游戏交流学习安排在幼儿的一日生活中：小班利用户外活动时间，中、大班利用晨间集体游戏时间，教师每天组织分享一个由幼儿家庭带来的民间游戏。

3. 听听民间故事

（1）设计要点

请家委会成员收集一些语言形象、情节生动、笔调幽默的民间故事，如《曹冲称象》《长发妹》《老鼠嫁女儿》《司马光砸缸》等，通过早餐后、午餐前等各种过渡环节，组织幼儿听故事、讲故事，读民间文学、讲民间故事，让幼儿既能增益智慧，又能娱乐身心。

（2）活动要求

- 家委会以班级为单位，每班收集 4 个适合幼儿年龄段特点的民间故事，收集后，教师进行筛选。
- 民间故事呈现的方式可以是音像资料、书籍、家长讲述等。
- 经典的民间故事可组织亲子表演，通过表演故事让幼儿更深刻地感受故事的精髓。

4. 创意民间工艺

（1）设计要点

教师带领幼儿欣赏剪纸、面塑、刺绣、布艺、蜡染等民间艺术的视频，邀请周围的民间艺术家进行课堂表演和教学，让幼儿欣赏、感受民间艺术的魅力，有条件的幼儿园可以带幼儿去现场感受。教师可以结合创意手工及美术教学，组织幼儿在班级各个区角里尝试各种民间艺术作品的制作，如剪窗花、画水墨画、制作蓝印花布、玩泥塑、亲子制作风筝等。

（2）活动要求

- 在制作活动之前，教师们要精心收集各种相关的资料，然后制作成多媒体课件，让幼儿欣赏。
- 亲子制作邀请家长参与，一起感受艺术节的氛围和快乐。

5. 穿穿民族服装

（1）设计要点

我国有 55 个少数民族，民族服饰竞相媲美。在民族服饰展示日中，要求幼儿穿着有特色的民族服装，可以是成衣，也可以是家庭亲子制作而成，互相交流欣赏。教师或者家长为孩子拍摄照片，参加全园“民族娃娃”大众评选活动。有了亲身的参与，幼儿眼中的中国民间艺术一定会更加绚丽。

（2）活动要求

- 该活动集中在中、大班开展，小班幼儿可以观看中、大班的民族服装展示活动。
- 结合区域活动中的美工制作活动，指导幼儿制作民族服装。
- 在“民族娃娃”大众评选活动中，鼓励中、大班幼儿当大众评委。

6. 唱唱民族歌曲

（1）设计要点

以班级为单位，各班教师精心选择几首民族歌曲，让幼儿集体参与选出其中一首，并学唱这首歌曲，然后以年级组为单位组织“民歌赛”，教师、家长可以一起参与，让幼儿在歌声中体会我国地大物博以及多民族的特点。

（2）活动要求

- 该活动在中、大班开展，小班幼儿可以参与。
- 家长协助收集民歌资料，教师根据幼儿的特点进行筛选。

7. 跳跳民族舞蹈

（1）设计要点

通过观看民族歌舞专场表演，让幼儿更为直观地感受中华民族文化艺术的种类繁多、五彩纷呈。之后，以班级为单位学习民族舞蹈，如新疆舞、傣族舞、藏族舞、扭秧歌等。然后以年级组为单位，结合早操、课间操或者舞蹈专场活动，进行练习与表演。

（2）活动要求

- 充分利用家长与社区资源，联系在文工团或者剧院工作的家长，选择适合幼儿观看的民族歌舞专场表演或者相关的碟片。
- 民族舞蹈的选择要考虑不同年龄阶段幼儿的特点。小班幼儿应尽量选择可以使用道具且动作简洁的舞蹈，中、大班幼儿可以尝试学习藏族舞、傣族舞等动作难度较高的民族舞蹈，突出动作的表现、民族的特点与情绪的表达。

8. 做做美工游戏

（1）设计要点

- “我和爸妈一起做”——请中班、大班全体幼儿及其家长利用废旧物品制作各种民间游戏器械，并进行展示活动。
- “幼儿折纸大赛”——收集折纸书籍，放在活动区，让幼儿进行模仿练习，组织“我学会了几种折纸方法”专题活动，让幼儿展示自己的收获。
- “美术创意大赛”——提供各种创意材料，让幼儿感受由不同材料创意制作的作品，让幼儿当观众开展评比活动。

（2）活动要求

- 提供展示平台，展示幼儿制作的作品。
- 组织幼儿集体观看，教师引导幼儿讨论、评价。

9. 看看木偶电影

（1）设计要点

与相关单位联系，邀请木偶剧团来园表演专场木偶戏或邀请电影院来园播放木偶电影，让幼儿和小伙伴一起观看文艺作品，感受活动的快乐。

（2）活动要求

- 选择的作品内容要健康，符合幼儿的年龄特点。
- 组织中、大班幼儿分享与交流观后感。

10. 亲子艺术体验

（1）设计要点

- “爱心堡垒”——爸爸妈妈和幼儿搭积木，感受亲子合作的快乐。
- “我去过的地方”——中、大班幼儿和家长搜集祖国和家乡的图片制作成图册，以“图书漂流”的方式在家庭间传阅，让幼儿在自身参与的基础上积累更多的经验。
- “我的幸福生活”——小班幼儿的家长拍摄幼儿与家人的生活照并进行装饰美化，然后在照片下面配上幼儿说的话，比如，介绍这张照片的拍摄背景或场景，展示在班级的公共区域，教师可结合晨谈时间引导幼儿轮流介绍照片的内容或里面的人物。

（2）活动要求

- 以家庭为单位开展，营造浓浓的家庭艺术氛围。
- 提供作品分享和展示的平台，引导幼儿围绕作品集体分享。

（三）闭幕式（6月1日）

1. 设计要点

采用回顾的方式，再现艺术节过程中的精彩镜头，比如，制作“回顾艺术节”的视频，在幼儿园某个公共场所播放；组织幼儿和小伙伴一起讨论艺术节中发生的有趣事情；举行颁奖仪式，等等。

2. 活动要求

“回顾艺术节”的视频要全方位体现全员参与以及艺术节纪实和艺术的氛围。

方案5　在灿烂阳光下

——深圳改革开放三十年暨庆“六一”合唱活动

【使用导引】

不少大型活动的选择与定位来源于当前社会正在发生的一些事情。在深圳，“深圳读书月活动”“深圳改革开放三十年”“第26届世界大学生夏季运动会”等，常常是深圳幼儿园大型活动设计的背景所在。“在灿烂阳光下——深圳改革开放三十年暨庆‘六一’合唱活动”的开展就有着特殊的社会意义，它以全市纪念“深圳改革开放三十年”活动为主线，通过组织幼儿、教师和家长参与合唱活动的方式一起庆祝深圳改革开放三十年。同时，结合“六一”国际儿童节，让更多的家长和幼儿一同感受“深圳改革开放三十年”的精彩，在欢乐的气氛中用歌唱来表现幸福的生活。

【活动目标】

（1）全体师生、家长一同参与合唱活动，感受“深圳改革开放三十年”的精彩，增强作为深圳人的自豪感。

（2）激发幼儿对艺术活动的喜爱，并能够大胆表现，培养幼儿的团队合作精神。

（3）全体教师、家长积极参与，营造浓浓的艺术氛围与欢乐气氛，与幼儿一起感受“六一”活动过程中的幸福和快乐。

【活动准备】

（1）环境准备：布置全园庆“六一”环境，“深圳改革开放三十年”横幅。

（2）材料准备：“六一”节礼品、化妆品每班一套、服装、道具等。

（3）舞台准备：舞台背景、移动台阶、麦克风4对、音响、灯光。

（4）场地准备：主席台、家长席、班级座位。

（5）节目准备：家长、教师、幼儿排练合唱节目。

（6）宣传工作：印制门票，发放活动通知，印制合唱节目单，邀请记者，制作光盘。

【活动地点】

幼儿园操场、大舞台或租赁的场地。

【活动时间】

正式演出：5月31日下午4 : 00—5 : 30。

【活动形式】

全园一起以班级为单位开展。

【人员安排】

（1）领导小组：园领导班子、音乐组组长、家委会会长，负责活动的策划和领导工作。

（2）活动统筹：音乐组，负责整个合唱活动的组织、执行工作。

（3）后勤服务：教学副园长或后勤主任，主要负责布置场地（主席台、家长席、班级座位）、购买物品、制作海报、制作门票、制作光盘。

（4）具体执行：各班班主任。

（5）主持人：教师、家长、幼儿各一名。

（6）其他：摄像、摄影人员，音响负责人员，场地秩序维护人员，门卫等。

【活动流程】

开场部分—合唱部分（小、中、大班幼儿的心声）—结束部分（家长、教职工代表的祝福）。

【活动过程】

（一）开场部分

主持人：尊敬的各位领导、嘉宾，亲爱的老师、家长们，可爱的小朋友们，大家好！

湛蓝的天空，奔放的阳光，诱人的花香，喜悦的笑脸，连小草都在欢快地歌唱！轻轻地，屏住呼吸，每一颗澎湃的心啊，激动得要跳出胸膛。这一切都在提醒着我们："六一"国际儿童节来到了！中国深圳改革开放三十年了！今天我们走到一起，共同庆祝深圳的奇迹，歌颂深圳的美丽；今天我们走到一起，共同迎接"六一"国际儿童节，为美丽的童年放歌欢庆！在灿烂阳光下——深圳改革开放三十年暨庆"六一"合唱活动，现在开始！

（二）合唱部分（小、中、大班幼儿的心声）

1. 歌曲《国家》（大班）

主持人：家是最小国，国是千万家；有了强的国，才有富的家。

2. 歌曲《可爱的家乡》（中班）

主持人：你喜欢深圳吗？深圳有蓝天、白云、欢乐谷、荔枝，还有……让我们一起歌唱深圳！

3. 歌曲《我们多么幸福》（中班）

主持人：欢乐的深圳，幸福的时刻，到处都是歌声，到处都是欢笑，我们歌唱今天的幸福，歌唱明天的希望，我们一起沉浸在歌曲《我们多么幸福》中。

4. 歌曲《亲亲我》（小班）

主持人：爱我你就亲亲我，爱我你就抱抱我，爱我你就夸夸我。

5. 歌曲《共产儿童团歌》（大班）

主持人：准备好了吗？时刻准备着！刚劲有力的歌曲，我们听着它长大，给人奋进的斗志和团结的力量。

6. 歌曲《祝你生日快乐》（小班）

主持人：我们过生日的时候，会收到很多的祝福。那么，深圳妈妈过生日的时候，我们大家也都来祝福她！

7. 歌曲《龙的传人》（中班）

主持人：龙是一种具有强大生命力的吉祥物，是我们中华民族的象征。我骄傲，我们是中国人；我自豪，我们是龙的传人。请欣赏由中一班小朋友为大家带来的《龙的传人》。

8. 歌曲《爸爸妈妈都爱我》（小班亲子）

主持人：几个月前，小班的小宝宝们还离不开妈妈的怀抱。现在，他们可以迈开自信的脚步，非常勇敢地站在这个舞台上，并且邀请他们的爸爸妈妈一起来表演。让我们一起欢迎他们吧！

9. 歌曲《我真的很不错》（小班）

主持人：稚嫩的歌声展示小班朋友《真的很不错》！

10. 歌曲《骑木马》（小班亲子）

主持人：与爸爸妈妈一起骑木马的经历成为很多孩子童年最美好的回忆，歌曲《骑木马》让我们重温那温馨的一刻……

11. 歌曲《最好的未来》（大班）

主持人：在灿烂的阳光下，让我们用爱来拥抱可爱的孩子们，让每一个孩子享受着关爱，沐浴着呵护，让爱给我们最好的未来。

12. 歌曲《欢乐舞》（小班亲子）

主持人：欢乐的时光总是温馨的，温馨的场面总是动人的，动人的时刻感染着你我，让我们一起欢乐起来吧！

13. 歌曲《让爱住我家》(中班)

主持人：爱是摸不着的空气，爱是说不出的语言。爱是甜美的，要细细去品味；爱是幸福的，要用心去感受。哦，我知道了，就像我爱我的家一样。没错！爱是关心，爱是给予，爱是付出，爱是感激。

14. 歌曲《中国我的家》(大班)

主持人：五十六个民族，五十六朵花，五十六个兄弟姐妹是一家，五十六朵花组成了最美的画。让我们珍惜这个大家庭，珍爱中国——我的家！

(三)结束部分(家长、教职工代表的祝福)

1. 家委会代表与教师代表合唱《祝愿歌》

主持人：老师是家长们的朋友，孩子是老师和家长们的希望。只有形成良好的家园共育氛围，才能奏出轻松、愉快的和谐之音。让我们一起来祝愿所有的朋友家家幸福，人人快乐，工作舒心，身体健康。

演唱结束后，家长义工展示横幅：祝我们的深圳前途似锦，祝我们的幼儿园蓬勃发展，祝我们的小朋友健康成长！

2. 活动结束

主持人：在我们的呵护下，孩子们快乐地长大了；在我们的关爱下，孩子们健康地成长着。孩子们是我们最心爱的宝贝，孩子们健康地成长是我们最大的心愿。

让我们祝福深圳能够更加繁荣昌盛，祝福我们的生活越来越好！

幼儿园庆祝“六一”文艺演出到此结束！感谢您的光临，再见！

附：活动要求

- 各部门召开安全会议，做好各项安全工作。
- 值班人员把好门卫关，凭票入场，一票一人。
- 工作人员保证会场秩序：入场，引位，演出。
- 各班检查班级并保证无人在教室，锁好门窗，保障财产安全。

三、语言类

方案6 “人人都参加”讲故事活动

【使用导引】

讲故事，对幼儿来说是一件非常有趣的事情。通常幼儿园组织讲故事活动，会采用比赛的方式，教师会选出少数语言表达能力比较强的幼儿参加讲故事比赛。本次讲故事活动则提出“人人都参加”的指导思想，旨在让所有幼儿都参与讲故事活动，故事讲得好与不好并不重要，重要的是“人人都参加”。锻炼幼儿敢讲、爱讲、讲好的能力，让幼儿获得语言表达、社会交往等各方面的发展，不能仅仅通过一个活动来完成，而是要为幼儿创设一个良好的语言环境。所以，本次讲故事活动从班级开始，鼓励全班幼儿一起参与。当幼儿在班级讲得比较熟练后，再开展年级组甚至全园性的讲故事活动。除了幼儿讲，教师与家长也可以一起参与进来，目的是营造全员参与、“人人都参加”的故事沙龙氛围。

【活动目标】

（1）通过引导全园幼儿参与读书、讲故事等活动，培养幼儿对阅读的兴趣，同时鼓励幼儿大胆讲述并喜欢讲故事，让幼儿在阅读和讲述中获得成长的快乐。

（2）家庭、社会、幼儿园三合一，齐配合，创设开放、自主的语言环境。

（3）通过年级组、全园幼儿之间以及亲子之间的交流，加强幼儿之间的社会交往，促进亲子关系。

【活动准备】

（1）制定活动方案，全园发放活动通知，让家长明确本次活动的意义与做法，获得家长的支持。

（2）招募志愿者，组成“家长讲故事义工小组”和“教师讲故事团队”。

（3）购买、借阅一批故事书或音像资料，还可以号召家长自带故事书或者音像资料。

（4）准备“幼儿园故事节——家长故事汇活动”纪念证书、“幼儿园故事节——宝宝故事汇活动”纪念证书以及讲故事礼物等。

【活动地点】

幼儿园。

【活动时间】

3月—6月。

【活动形式】

小班以班级为单位开展，中、大班以年级组为单位开展。

【人员安排】

（1）总策划、总负责：园长，负责组织人员讨论，确定活动要点。

（2）总执行：教学副园长或教学主任，主要负责收集意见并撰写方案，召开工作布置会议和家委会工作会议，发放全园家长通知书，跟进与协调工作过程。

（3）后勤：教学副园长或后勤主任，主要负责购买图书及音像资料，设计海报，做好年级组和全园故事分享的场地布置和安排工作。

（4）具体执行：小、中、大班年级组长。

（5）其他角色：家长义工，摄像、摄影人员，音响负责人员，门卫。

【活动流程】

活动启动—分年级组或班级开展“讲故事活动”—全园集中分享讲故事。

【活动过程】

（一）活动启动

1. 设计要点

- 以幼儿园的名义向家长发放活动通知，目的是宣传活动的意义，让家长了解活动流程以及需要配合的事宜。

● 组织教师与家长义工讨论活动方案的具体实施和安排。

2. 活动要求

● 向家长宣传的同时，更要鼓励幼儿积极参与。

● 方案要针对幼儿的年龄特点提出不同的要求。

附 1：活动通知

“人人都参加”讲故事活动开始啦

为培养幼儿的阅读习惯和良好的阅读能力，提高幼儿的综合素质，鼓励幼儿大胆讲述并喜欢讲故事，让幼儿在阅读和讲述中获得成长的快乐，我园拟开展全园讲故事活动，活动的宗旨是让所有幼儿都参与讲故事活动，目的是营造全员参与、“人人都参加”的故事沙龙氛围。我们期待所有家长都参加这个活动，这样您的孩子将听到许多以前不曾听过的故事，从而大大增强对阅读活动的兴趣。也请每位家长认真准备，拿出您的看家本领，让您的孩子在全班幼儿面前为有这样一个会讲故事的家长而感到骄傲。

诚挚地邀请您和您的孩子一起参与到我们的活动中来！

附 2：家长讲故事回执

家长姓名：	幼儿姓名：	所在班级：
是否参加：是（　）否（　） 不参加的理由：		
故事名称：	故事长度：	拟参加时间：

回执说明：无论您是否参加，请将回执尽快交给老师，以便我们及早做出安排。

×××幼儿园

×年×月×日

（二）分年级组或班级开展“讲故事活动”

1. 设计要点

- 小班以亲子阅读、亲子讲故事的方式开始。
- 中、大班幼儿，要求他们每人选择一个最喜欢的故事，利用餐前、晨间活动、户外休息、离园等时间，讲给班级小朋友听。讲述故事可以有多种形式，比如，孩子自己单独讲，和爸爸妈妈分角色一起讲，和小朋友一起合作讲等。在幼儿每次讲完故事后，都会给他们一份小礼物。在幼儿熟练讲述的基础上，鼓励他们到其他同年级组的班级讲述。鼓励幼儿每次讲故事都要比上一次讲得更好，让幼儿在活动中不断增强自信。最后，部分中、大班幼儿还可以代表班级到年级组甚至全园进行故事讲述。
- 奖项设置：班级故事大王——每班 2 名，共 8 名。每人将会得到一套书及“班级故事大王”奖状一张；“我爱讲故事”奖——所有参与者都能得到一张奖状。
- 教师代表也可以参与讲故事的活动，班级教师之间可以互相交换讲故事，为幼儿营造讲故事的氛围。
- 家长代表可以在每天离园前半个小时轮流给班级幼儿讲故事，让幼儿评一评哪位家长讲得最好，然后推荐到其他班级，把好故事带给其他班级的小朋友。所有参加“我为孩子讲故事”活动的家长，将获得自己孩子亲自颁发的纪念证书。
- 为大班幼儿设计记录表，请幼儿听完故事后进行简单记录与评价。

2. 活动要求

- 请家长和孩子商量并准备一个故事，在全班孩子面前讲述。故事的选择要求：故事长度在2分钟以内；故事内容符合幼儿的年龄特点；脱稿讲述，最好能配合道具、化妆，也可以给讲述的故事配乐。
- 对于能力较弱的小、中班幼儿，可以通过家长的参与来开展活动。比如，让幼儿参与家庭讲故事的某个部分的对话等，重在鼓励幼儿人人参与。

- 家长要根据时间安排提前为孩子做准备，在家中进行练习，给孩子信心，鼓励孩子大胆讲述，用大家听得见的声音讲故事。

附1：通知

通　知

各位家长：

下周起，我园将正式启动“故事节”活动。班级将开展“故事大王”讲故事活动，每个孩子讲一个故事，每班将评选出2名“班级故事大王”，请家长抽时间对孩子进行辅导。自下星期一起，每天中午11:15分开始安排3名孩子在班里讲故事，请家长参照下面的时间安排提前帮助孩子做好相关准备。

温馨提示：

1. 注意辅导孩子讲故事时语言表达的完整性；

2. 丰富的表情、语气和动作能使故事增色不少；

3. 动动脑筋，使用有趣的道具能使孩子脱颖而出；

4. 欢迎并鼓励家长和孩子一起讲故事（故事中如有不同人物的对白，可以由家长分担角色）。

快乐体验，重在参与，祝每个孩子都有出色的表现！

×××幼儿园

×年×月×日

附2：“我和爸爸妈妈一起讲故事”活动排序表

具体时间	当天讲述的小朋友

附 3：我为孩子讲故事记录表

班级：________	幼儿姓名：________	家长姓名：________
故事名称：		
故事简介：		
心得体会：		
精彩回放： 家长讲故事及孩子为家长颁奖照片		

附 4：讲故事记录表

记录人所在班级：________ 记录人姓名：________ 记录时间：________

讲故事小伙伴姓名：	
你喜欢小伙伴讲的故事吗？	很喜欢（ ） 一般（ ）
你为什么这么喜欢呢？因为：	
请给小伙伴提一点建议：	

（三）全园集中分享讲故事

1. 设计要点

时间定在 6 月，结合庆“六一”暨讲故事成果展示活动开展全园的分享。参与分享的对象可以是小、中、大班幼儿，也可以是家长和教师。整个活动过程就是为幼儿创设一个讲故事的机会，目的是全员都“讲起来”。

2. 活动要求

- 参与全园分享的故事内容要适合全体幼儿。
- 家长与教师要积极参与。
- 讲故事以中、大班幼儿为主，小班有语言突出能力的幼儿也可自愿参与。

方案 7 “同读一本书”读书活动

【使用导引】

为了培养幼儿的阅读兴趣，提高幼儿的阅读能力，引导幼儿的阅读品位，特策划举办“同读一本书”幼儿阅读活动。本活动可以让幼儿有机会在相对集中的同一时间阅读同一本书，让共同的阅读内容成为联系彼此的精神纽带，让个性化的阅读体验成为幼儿交流的共同话题。同时，充分利用图书馆等社会资源，将优秀的儿童读物引进校园，拓宽教师的视野，营造良好的读书氛围，提升家长的育儿理念。

【活动目标】

（1）通过“同读一本书”幼儿阅读活动，营造良好的阅读氛围，培养幼儿的阅读兴趣。

（2）让幼儿有机会在相对集中的同一时间阅读同一本书，让幼儿讨论绘本的价值，引导幼儿的阅读品位，提高幼儿的阅读能力。

（3）在家长中进行宣传，让家长理解活动的意义，促进亲子阅读。

【活动准备】

（1）根据不同年龄班幼儿的特点，选择适合中、大班年龄段的绘本。

（2）向家长发放通知，明确本次活动的意义与方法，做好与家长的沟通工作。

（3）教师集中备课，做好“读本分析”，为引导幼儿发现书中的价值做知识准备。

【活动地点】

幼儿园。

【活动时间】

一个学期。

【活动形式】

中、大班以班级为单位开展。

【人员安排】

（1）总策划、总负责：中、大班年级组长。

（2）总执行：教学副园长或教学主任，主要职责为：撰写方案，召开工作布置会议和家委会工作会议，跟进与协调工作过程。

（3）后勤：教学副园长或后勤主任，主要职责为：发放全园家长通知书，制作互动海报，联系图书馆，借阅图书。

（4）具体执行：中、大班年级组长。

【活动流程】

宣传、启动—读书、分享—回顾、提升。

【活动过程】

（一）宣传、启动

幼儿园统一发放通知，宣传“同读一本书”活动。

“同读一本书”活动通知

亲爱的家长：

您好！

阅读是一切学习的基础，阅读塑造精神世界！

本学期，我园结合正在开展的“早期阅读”课题，与社区图书馆联手举办了“同读一本书”活动，图书馆将无偿向我园提供世界各地经典的图画书供孩子们阅读。本周，孩子们正在集体阅读经典图画书《爱心树》。

故事讲述了一个男孩幸运地遇到了一棵因爱而给予，因给予而快乐的大树。大树用他全部的生命陪伴男孩的一生，为他创造了一生。男孩曾因成长而离开，但他在生命的开始与结尾都和大树为伴，为此，大树幸福不已。理解这个故事的孩子会隐约地感受到自己与亲人的关系和男孩与大树的关系有相似之处。

这是一个有关爱与被爱的故事，是一则有关索取与付出的寓言，适合中、大班幼儿。班上现有《爱心树》34 本，欢迎各位家长借回去和孩子一块儿阅读，要求保证图书无破损、无脏污，周 ×（× 月 × 日）归还，以便让图书在更大的范围内供人们传阅，为图书馆能继续为我们提供更多的好书而努力。欢迎您将自己或孩子的读书感悟记录下来和我们分享。

××× 幼儿园 ×× 班级

× 年 × 月 × 日

（二）读书、分享

1. 设计要点

- 由图书馆免费统一提供需要阅读的图书，同一本书配备若干册，可供全班幼儿同时阅读。图书使用方式由幼儿园自主决定，可由教师组织幼儿在园集体阅读，也可让幼儿带回家课外自主阅读。
- 图书在中、大班传递，所有班级读完同一本书后，图书馆将更换新的图书。
- 每一种书在幼儿园使用的时间初步拟定为一个月，可根据班级数量的多少与图书馆具体协商使用时间。
- 活动持续时间为一个学期，参与本活动的幼儿每学期大致可一起阅读图书 3 ～ 5 册。
- 活动中期举办一次相关的阅读活动，如读后感征文、读书沙龙、亲子阅读比赛等，活动方式不限，大小规模不限，鼓励创意无限。活动可设一定数量的奖励名额。

2. 活动要求

幼儿园需指定专门联系人与图书馆工作人员联系，妥善保管好活动用的图书，协助年级组长与班级教师做好幼儿阅读的组织管理工作。

附：“家庭同读一本书”亲子阅读记录单

<table>
<tr><td colspan="3">图书书目：</td><td>借阅者：</td></tr>
<tr><td colspan="2">借阅时间：</td><td>归还时间：</td><td>图书保管情况（由教师填写）：</td></tr>
<tr><td rowspan="3">读后感（父母或幼儿）</td><td colspan="3">宝宝读这本书：</td></tr>
<tr><td colspan="3">妈妈的读后感：</td></tr>
<tr><td colspan="3">爸爸的读后感：</td></tr>
</table>

（三）回顾、提升

1. 设计要点

- 学期末，引导幼儿回顾本学期读过的图书，回想每一本书的精彩片段。
- 组织班级或年级组读书沙龙，鼓励幼儿分享与交流几本图书的读书心得。
- 与家长分享与交流读书心得。

2. 活动要求

- 幼儿可口述读书心得，家长记录后再来园分享。
- 学期末做好图书馆的还书工作。

方案 8 “图书漂漂漂”幼儿园图书漂流活动

【使用导引】

“图书漂漂漂”图书漂流活动是一个富有创意的幼儿园读书活动，它通过宣传、启动—漂流、交流—总结、提升三个活动流程来开展，形成一定的读书文化，营造浓浓的读书氛围。另外，通过图书漂流活动可以鼓励幼儿交流，拓宽幼儿的视野，让幼儿获取更多的资源，培养幼儿珍爱图书的良好行为和借书还书的良好习惯，这是一件让家庭、幼儿园互利双赢的事情。

【活动目标】

（1）通过图书漂流活动，扩大幼儿的阅读范围，让幼儿在阅读中学习交流与分享。

（2）增强活动的趣味性，让幼儿明白带来的图书属于私人物品，培养幼儿的保管意识和责任感。

（3）促进幼儿园与家庭关系的和谐发展。

【活动准备】

（1）撰写活动方案，发放活动启动通知。

（2）购买文件袋、海报、宣传材料等物品。

（3）做好活动的宣传工作，保证活动的顺利开展。

【活动地点】

幼儿园。

【活动时间】

一个月。

【活动形式】

小、中班以班级为单位开展，大班以年级组为单位开展。

【人员安排】

（1）各年级组长、家委会成员：撰写方案。

（2）班主任：发放全园家长通知书，跟进与协调工作过程。

（3）后勤、家委会：购买文件袋、海报、宣传材料。

【活动流程】

宣传、启动—漂流、交流—总结、提升。

【活动过程】

（一）宣传、启动

1. 设计要点

各班发出类似下面的通知来启动活动，把本次图书漂流活动的由来、意义、方法、要求通过班级通知的方式进行宣传。

“图书漂漂漂”活动通知

上学期我班的“图书交换日”活动，深受小朋友们喜爱，也得到了家长们的大力支持。孩子们将这种喜爱一直延续到本学期，开学以来，一直有孩子带书到幼儿园与同伴交换。为了合理利用家庭资源，扩大孩子的阅读范围，让孩子在阅读中学习交流与分享，我班决定从下周开始启动“图书漂漂漂”活动。请每个小朋友带 3 本书，老师将统一做好编号，每周五小朋友可以借一本书带回家，周一归还，并做好借书登记。同时，我们将根据孩子的阅读速度定期更换图书。

对图书的要求：

1. 图书没有破损，画面清晰。

2. 文字不宜过多，图文并茂。

3. 适合本班幼儿的年龄特点。

4. 征求幼儿的意见后方可带来。

为了增强活动的趣味性，让孩子明白带来的图书属于私人物品，培养他们的保管意识和责任感，您可以帮孩子刻一个章，让孩子把家里属于自己的每本书都盖上印章。欢迎家长们对以上活动安排提出意见或建议，以期幼儿在活动中得到更好的发展！

××班

×年×月×日

2. 活动要求

- 通知发出后，及时收集家长的意见，并进行修改。
- 了解幼儿参与图书漂流活动的兴趣。

（二）漂流、交流

1. 设计要点

- 教师带幼儿一起设计图书漂流记录单、图书借阅登记表、班级图书登记表等，共同制定具体的漂流规则。

- 图书漂流可以先在班级内开展，然后逐步扩展到年级组。
- 家长参与图书漂流活动，协助幼儿做好有关记录工作，督促幼儿遵守有关规则。

2. 活动要求

- 通过操作，让幼儿熟悉图书漂流规则。
- 教育幼儿要爱惜图书。

附 1：图书漂流记录单

亲爱的小朋友：

你好！

我是 ×××，这是我最喜欢的图书，我很高兴与你分享这本书，但是请你爱护我的书，不要撕烂和在书上涂抹。请你用两天的时间看完，然后交给下一个小朋友，并在图书漂流记录单上留下你对这本书的感想。希望你拥有一个快乐的阅读时光！

日期：	姓名：
请留下几句话：	

附 2：图书借阅登记表

借阅者	图书编号	借阅时间	归还时间

附3：班级图书登记表

班级：中二班

图书编号	图书名称	图书价格	主人姓名

（三）总结、提升

1. 设计要点

- 展示幼儿开展图书漂流活动的各种记录表、活动照片等，帮助幼儿回顾活动中的一些精彩片段，营造浓浓的读书氛围。
- 以年级组或班级为单位开展读书沙龙活动，分享读书心得。
- 统计本次图书漂流活动中书的种类、数量，与家长分享。

2. 活动要求

- 要对各种记录表及时进行统计、分析，并得出结论。
- 小班幼儿家长要全程参与。

方案9 “阅读点燃智慧”幼儿园故事节系列活动

【使用导引】

阅读不能改变人生的长度，但它可以改变人生的宽度；阅读不能改变人生的物象，但它可以改变人生的气象；阅读不能改变人生的起点，但它可以改变人生的终点。为了让更多的家长和孩子一同感受浓浓的书香氛围，幼儿园结合本市开展的“读书月”活动，启动了“阅读点燃智慧”故事节系列活动。通过“我家藏书”调查、亲子选书购书、“故事汇”“经典故事”展播、“家庭读书知识竞赛”“宝宝故事书”等活动让全园的家长和幼儿一起参与阅读和讲故事，让幼儿在阅读中获得成长的快乐，让家长和幼儿在共享阅读的过程中增进亲子感情，并逐步形成良好的家庭读书氛围。

【活动目标】

（1）通过引导幼儿读书、讲故事等，培养幼儿对阅读的兴趣，使他们勇于讲述，并在阅读和讲述中获得成长的快乐。

（2）通过开展家庭阅读活动，鼓励家长积极参与并关注幼儿的阅读，形成良好的家庭读书氛围，增进亲子感情。

（3）故事节与“读书月”结合进行，充分利用社会资源与影响，促进本次活动的有效开展。

【活动准备】

（1）组织家长、教师、幼儿园行政人员三方讨论，撰写活动方案。

（2）进行展播事宜的联系工作。

（3）通过购买、社会捐赠、图书馆借阅等多种方式增加幼儿园图书的种类。

（4）安排系列活动需要的场地，购置需要的材料。

（5）家长和教师讲故事演练。

（6）通过标语（每个年级组出 3 条标语）等营造相关的环境氛围。

【活动地点】

幼儿园、家庭以及书城、图书馆等相关场所。

【活动时间】

3 月—6 月。

【活动形式】

全园统筹，全体幼儿参与，以班级为单位开展。

【人员安排】

成立“故事节”组委会，人员由幼儿园行政班子、家委会会长、年级组长构成。

（1）幼儿园行政班子：负责组织教师和家长代表讨论“故事节”方案并通过。

（2）家委会：协助园方执行活动方案，承担具体的工作任务。

（3）后勤：教学副园长或后勤主任，主要负责布置场地，购买礼花，制作海报，制作爱心门票，筹备嘉宾接待工作。

（4）小、中、大班年级组长：在行政班子的指导下以及家委会的协助下，落实并执行具体方案。

（5）其他角色：家长义工，摄像、摄影人员，音响负责人员，场地秩序维护人员，门卫安全。

【系列活动内容】

（1）“我家藏书”调查活动。

（2）选书、购书亲子活动。

（3）“故事汇”活动。

（4）“经典故事”展播活动。

（5）“家庭读书知识竞赛”活动。

（6）“宝宝故事书”。

【活动流程】

“故事节”启动仪式—“故事节”系列活动—“故事节”分享与颁奖仪式。

【活动过程】

（一）“故事节”启动仪式

1. 设计要点

通过主持人的介绍、木偶剧表演、家长和教师讲故事表演等，营造“故事节”即将开始的氛围，激发幼儿参与活动的兴趣。

2. 活动要求

- 启动仪式的每一个环节要控制好时间，尽量简短但起到营造“故事节”氛围的作用。
- 注意幼儿进场、退场的有序组织，保证幼儿安全。

3. 活动流程

- 全园师生、各年龄班家长代表入场（1分钟）。

- 主持人介绍本次活动的意义、目的及系列活动要求（2 分钟）。
- 木偶剧表演（30 分钟）。
- 家长和教师讲故事表演（10 分钟）。
- 全体师生退场（30 分钟）。

（二）“故事节”系列活动

1.“我家藏书”调查活动

（1）设计要点

鼓励幼儿对自己家里的图书进行整理、分类、登记，提醒幼儿记录自己阅读或与家长一起阅读的场景，引导他们对自家图书有一个初步的了解。从关注图书入手，培养幼儿的良好行为习惯。

（2）活动要求

- 家长要协助幼儿完成教师布置的调查任务。
- “小小藏书家”：调查表主要由家长填写，但幼儿要协助父母完成图书的整理工作。
- “爸爸妈妈小时候读过的书”：针对爸爸妈妈小时候读过的图书进行调查与统计，让幼儿了解并且尝试阅读爸爸妈妈读过的图书。
- “我的好伙伴——图书”：需要幼儿说明照片上正在发生的事情。

附 1：“小小藏书家”调查表

藏书者:＿＿＿＿＿＿　整理记录时间:＿＿＿＿＿＿

图书编号	图书名称	图书价格	其他（来源、出版社、系列……）

注：此表可下载复制，请家长根据幼儿图书的数量和图书实际情况填写，填写好后打印一份给教师存档。

附 2：“爸爸妈妈小时候读过的书”调查表

爸爸读书目录：
妈妈读书目录：
爸爸最喜欢的 3 本书：
妈妈最喜欢的 3 本书：
数量统计：爸爸（　　）本　　妈妈（　　）本

附 3：我的好伙伴——图书

阅读者：____________

贴照片处（请粘贴孩子阅读或亲子阅读的照片）

照片说明：____

____

2. 选书、购书亲子活动

（1）设计要点

由教师或家委会发起，全班按照就近社区分为几组，组织家长和幼儿到附近书城开展购书活动。购书前家长与幼儿讨论需要完成的购书任务，并与其他家庭交流。教师给予适当的指导，各家庭结合教师以及其他家长的意见选书、购书。

（2）活动要求

- 购书前，家长之间、幼儿之间要进行充分的交流。
- 购书后进行分享。

3.“故事汇”活动

（1）设计要点

- 3 月份正式启动“故事汇”活动。各班每天至少安排两名以上幼儿进行讲故事活动，每个孩子完成讲故事的任务后，都将领到一份纪念品。
- 4 月份开展“故事创编比赛”活动。活动形式：教师出示故事开头，请幼儿创编故事过程与结尾。家长将幼儿创编的内容以文字方式记录，在指定日期上交给老师，教师评选出“故事创编大王”并颁奖，其中一等奖 1 名、二等奖 2 名、三等奖 2 名。
- 5 月份开展“家长童话剧”编排活动。成立“家长童话剧团”，每班视实际情况选出 2 ～ 3 名家长参加剧团的排练活动；在展示成果时，剧团要表演一个生动有趣的故事。活动结束时，为家长们颁发纪念奖。
- 6 月份结合“六一”国际儿童节开展“故事成果展示”活动。幼儿园可以选出优秀的家长、幼儿在舞台上进行不同形式的展示。

（2）活动要求

- “故事汇”中的讲故事要求幼儿语言清晰、音量合适，准备的服装道具要与故事内容匹配，同时可配上音乐。故事内容要求适合儿童阅读，富有童趣。各年级组根据总方案组织教师讨论并完成分方案的制定工作：小班年级组鼓励家长参与讲故事，每个故事时长为 3 分钟；中班年级组重点放在班级幼儿同讲一个故事，注重提升幼儿讲故事的技巧，每个故事时长为 3 分钟；大班年级组注重为幼儿提供宽敞的空间，让幼儿都能讲自己喜欢的故事，每个故事时长为 5 分钟。月末，每班选出 5 名幼儿参加该年级组的比赛。届时每班将邀请 3 名家长做评委。

- “故事创编比赛”中创编的故事内容要求：故事发展逻辑合理，人物主线清晰，情节完整。

附 1：通知

“阅读点燃智慧”幼儿园故事节系列活动启动了

各位家长：

为了让更多的家长和孩子们一同感受故事节浓浓的书香氛围，我园将在3月份启动“阅读点燃智慧”故事节系列活动。通过该活动，让全园的家长和孩子一起读故事，一起听故事、讲故事，培养孩子对阅读的兴趣，让孩子在阅读中获得成长的快乐，让家长和孩子在共享阅读的氛围中增进亲子感情，并打造书香家庭和书香校园！

让我们和孩子一起阅读吧，一起感受知识的力量，一起来体会书内书外的精彩人生！

下面向家长朋友们推荐一些好书：

大班:《法布尔昆虫记》《不一样的卡梅拉》《小安娜和长叔叔》《出售爷爷》……

中班:《稻草人》《爱心树》《嘻哈农场》《小兔波力》《有个性的羊》……

小班:《逃家小兔》《雪人》《猜猜我有多爱你》《活了一百万次的猫》《子儿，吐吐》《鳄鱼怕怕牙医怕怕》《小兔汤姆》……

注：家长可在推荐书目中选择，也可以自己选择其他书目。

××× 幼儿园

× 年 × 月 × 日

附 2：“我讲书中的故事”活动计划表

幼儿姓名	故事名称	讲述情况	备 注

附 3：家庭读书计划表

书名	爸爸的计划	妈妈的计划	小朋友的计划

附 4：我推荐的一本书

家庭：＿＿＿＿＿＿　　　　时间：＿＿＿＿＿＿

小朋友推荐的书 推荐对象： 推荐理由： 其他说明：
爸爸推荐的书 推荐对象： 推荐理由： 其他说明：
妈妈推荐的书 推荐对象： 推荐理由： 其他说明：

附 5："亲子故事汇"活动记录表

填写教师：＿＿＿＿＿＿

参与幼儿	表演内容	评价
1.		
2.		
3.		

续表

爸爸妈妈讲故事活动 主讲家长： 助教： 故事名称： 活动过程简介： 1. 2. 家长签名：
教师活动反思：

4.“经典故事”展播活动

（1）设计要点

以年级组为单位开展。幼儿园资料室先负责在家长中收集“经典故事”碟片，安排好幼儿观看的时间，并组织各年级组幼儿集中观看。通过引导幼儿观看“经典故事”，拓展幼儿的阅读视野，促进幼儿之间的阅读交流，帮助幼儿感受“经典故事”给他们带来的快乐。

（2）活动要求

- 收集的“经典故事”碟片要进行筛选并按年级组分类。
- 每次观看之后，小班教师要组织幼儿回顾，中、大班教师要组织幼儿讨论及回顾。

5.“家庭读书知识竞赛”活动

（1）设计要点

参赛家庭阅读幼儿园推荐的主题图书，回答问卷问题作为预赛，教师根据预赛成绩选出优胜家庭代表队（必须是父母带着孩子）参加“家庭读书知识竞赛”现场总决赛。为鼓励幼儿及其家庭认真参与家庭读书竞赛，让家庭读书竞赛取得扎实成效，凡认真作答并向老师交回试卷的家庭，图书馆都赠送小礼物一份。决赛现场将评选最佳啦啦队，同时为最后获胜的家庭颁奖。

（2）活动要求

- 要求一家三口参加，服饰统一，幼儿统一穿园服。
- 提早做好相关准备：制作翻题板与计分板；准备鼓掌欢呼音效、参赛家庭出场音乐、颁奖音乐、结束音乐等，且音响与答题设备提早一天送来试用；挑选一张参赛幼儿数码照片、一张参赛家庭数码照片，用于制作喷绘照片。
- 准备现场观众抢答的礼品，优胜家庭获奖证书要现场填写，做好颁奖秩序与奖项安排工作。
- 与家长回顾本次活动的意义及整个活动的开展情况，公布参加“家庭读书知识竞赛”现场总决赛家庭名单。
- 决赛现场将评选最佳啦啦队，同时为最后获胜的家庭颁奖。

（3）活动流程

- 3 月初：活动宣传及动员工作。
- 3 月至 4 月底：发放试卷和推荐书目的有关资料，家庭阅读活动开始。
- 5 月初：先由各班选出一名班级代表，在此基础上再产生一个优胜家庭。
- 5 月 22 日：组织家委会及家长制作赛场宣传广告。
- 5 月 23 日：召开参赛家长会议。
- 5 月 24 日：“家庭读书知识竞赛”现场总决赛。

附 1：比赛程序

个性展现—幼儿必答题—家长必答题—情景表演—抢答题。

- ◆ 个性展现要求说明：请各参赛家庭准备出场时的个性展现和自我介绍，时间为 30 秒。各代表队出场时，主持人会有旁白介绍，请各参赛家庭到前台亮相后进行个性展现和自我介绍，然后再回到座位就座。
- ◆ 幼儿必答题规则说明：必答题，顾名思义就是选手们必须回答的问题。每答对一道题目可为自己的家庭积累 100 分，答错不减分。从 1 号家庭开始轮流答题，到翻题板前选择一个图案，回答后面相应的问题。

◆ 家长必答题规则说明：每个家庭派出一位家长，从1号家庭开始轮流答题，到翻题板前选择一个图案，回答后面相应的问题。

◆ 情景表演：参赛家庭进行一段“情景表演”，要求时间为3～5分钟，父母和孩子3人参与。可假设某一情景，围绕阅读主题开展，最好配音乐、服装、道具。评委将根据创意、表演、趣味性等分出不同等级，并给获得不同等级的家庭加分。

◆ 抢答题规则说明：主持人念完题说“开始”以后，各队按抢答器进行抢答。答对加100分，答错扣去50分。

附2：“家庭读书知识竞赛”人员分工及其职责表

组别	主要工作内容及职责
节目组	主持，把握与检查家庭表演各节目的编排与质量，现场催场
接待组	签到，接待嘉宾，为参赛幼儿园家庭颁奖（现场礼品发放），为现场观众递话筒
宣传组	设计与制作背景喷绘、标语、参赛选手宣传语，发放活动通知、海报、活动简介，进行宣传报道与摄影、摄像工作
啦啦队组	组织与排练啦啦队
场地安全组	场地划分与布置，安全，道具搬运，音响，观众组织与现场秩序，放礼花

6.“宝宝故事书”

（1）设计要点

以家庭为单位，家长与幼儿一起按照要求制作故事书，并组织班级展示、年级组交流、图书室互动、漂流分享等幼儿展示、交流的活动。

（2）活动要求

- 参加对象为中、大班年级组的幼儿和家长。
- 家长协助幼儿创作，鼓励幼儿按照自己的创意大胆设计图书。
- 根据班级特点选择合适的方式做好分享、交流的组织工作。

附：“宝宝故事书”活动通知

家长朋友：

您好！为了培养孩子的阅读兴趣，鼓励幼儿大胆创新并动手制作，我年级组在本届故事节中还增设了“宝宝故事书”活动。

图书制作要求如下。

1. 每个家庭由家长和孩子一起共同创作一本故事书，图书规格：A4 纸一半大小，页数控制在 10 页以内。

2. 内容自选，图文并茂，可以用剪贴画或照片或图画加文字说明。

3. 封面需标注书的名称、所在班级和作者姓名（孩子及家长名字），并进行封面的装饰。

图书制作时间为 × 年 × 月 × 日—× 年 × 月 × 日。

期待您的亲子图书问世，并与大家共享！

×××幼儿园中、大班年级组

× 年 × 月 × 日

（三）“故事节”分享与颁奖仪式

1. 设计要点

以年级组为单位，结合“六一”活动为获奖家庭和个人（幼儿、教师、家长）颁发荣誉证书及奖品，并在颁奖会上请获奖者现场讲故事。同时，展示故事节系列活动成果，并在全园进行分享与交流。

2. 活动要求

- 选择现场分享的成果要形式多样，家长、幼儿、教师都要参与，故事要大众化，符合各年龄班幼儿的特点。
- 要注意营造良好的讲故事氛围。

四、典礼类

方案10 幼儿园开学典礼

【使用导引】

开学典礼是幼儿园的常规工作，是在开学第一周把全园幼儿聚集在一起，然后告诉幼儿“新学期开始了”的一次全园性的大聚会。通过升旗仪式、礼仪教育、园长致欢迎词、“我们长大了”主题发言等活动为幼儿创设和谐、温馨的入学心理环境，而活动效果如活动组织是否有序、全体教师的工作状态是否积极等，直接影响着幼儿的情绪，所以幼儿入园开学典礼的组织就显得尤为重要了。

【活动目标】

（1）让幼儿知道新学期到来，自己又长大了。

（2）引导幼儿用良好的状态迎接美好的新学期。

（3）对幼儿进行礼仪教育。

【活动准备】

（1）全体师生着园服。

（2）场地安静、整洁，标识明确，音响、话筒齐全等。

（3）幼儿提前练习升旗活动，安排中、大班代表到时发言。

【活动地点】

幼儿园操场。

【活动时间】

9月、3月。

【活动形式】

全园。

【人员安排】

（1）园长：致欢迎词。

（2）教学副园长或教学主任：现场主持。

（3）后勤主任：安排人员负责场地、音响、拍照等。

（4）安全主任：负责现场安全工作。

（5）各班班主任：组织幼儿参加活动。

（6）大班老师：负责升旗手的排练工作及大班代表发言。

（7）中班老师：负责中班代表发言。

【活动流程】

进场—升旗仪式—开展礼仪教育—园长致欢迎词—“我们长大了”主题发言—典礼结束，退场。

【活动过程】

（一）进场（9:55—10:00）

1. 设计要点

各班幼儿按照统一的要求，在教师的组织下进入指定场地；全部进场完毕后，主持人整理队伍，提醒全体幼儿做好参加幼儿园开学典礼的准备工作。

2. 活动要求

各班提早做好入场前的准备工作，如整理衣服、强调走路的要求及列队的纪律等。进场时要迅速，不要过多地等待。

（二）升旗仪式（10:00—10:10）

1. 设计要点

大班和中班幼儿分别做升旗手、护旗手，音乐响起，全体师生面向国旗行注目礼。

2. 活动要求

升旗手着升旗服，升旗过程中全体师生精神专注、表情庄严，不讲话、不议论。

（三）开展礼仪教育（10:10—10:15）

1. 设计要点

主持人向大家问好，介绍园长、老师和各年级的幼儿，开展礼仪教育。

2. 活动要求

全体师生与主持人积极互动，现场有序。

（四）园长致欢迎词（10:15—10:20）

1. 设计要点

园长代表全体教职工欢迎孩子们的到来，提出新学期的要求与希望。

2. 活动要求

全体师生认真听园长讲话，回班后教师组织幼儿进行讨论性回顾，加深幼儿对园长讲话内容的印象。

（五）“我们长大了”主题发言（10:20—10:25）

1. 设计要点

分别请中班、大班各一名幼儿代表年级组进行“我们长大了”主题发言，为孩子们树立典范与目标。

2. 活动要求

事前对发言的中、大班幼儿进行辅导，要求礼仪到位，声音洪亮，要有自豪感。回班后教师组织幼儿进行讨论性回顾，加深幼儿对主题发言内容的印象。

（六）典礼结束，退场（10:25—10:30）

1. 设计要点

活动结束，各班在主持人的指挥下按照先后顺序退场。

2. 活动要求

各班教师要注意退场的安全，注意提醒幼儿不要着急，按照主持人的要求有序退场，提醒中、大班幼儿要主动谦让小班的弟弟妹妹。

方案 11　幼儿园散学典礼

【使用导引】

散学典礼也是幼儿园的常规工作，在学期末举行，与开学典礼相呼应。一学期的最后一周把全园的孩子聚集在一起，告诉他们“本学期结束了”，像开学典礼一样，会给幼儿带来一种非常隆重的感觉，是学期末礼仪教育与安全教育的载体。通过进场与退场、假期安全专题教育、听听医生阿姨的嘱咐、“我的假期计划”主题发言、颁奖仪式等课程内容，关注每一个环节开展的细则，通过各个环节的展示来影响幼儿的行为。

【活动目标】

（1）让幼儿感受时间的秩序，同时进行礼仪教育。

（2）对幼儿进行假期安全教育，让幼儿有假期安全意识，掌握自我保护的技巧。

（3）通过颁奖活动鼓励表现突出和进步的幼儿。

【活动准备】

（1）全体师生衣着整齐，穿园服。

（2）场地标识明确，场地环境安静、整洁，音响、话筒、奖状等准备齐全。

（3）中、大班幼儿代表准备好发言。

（4）安全主任、医生做好开展安全教育、健康教育的准备。

【活动地点】

幼儿园操场。

【活动时间】

每学期最后一周。

【活动形式】

全园。

【人员安排】

（1）教学副园长或教学主任：现场主持。

（2）安全主任：负责假期安全教育。

（3）后勤主任：安排场地、音响、拍照人员。

（4）园医：负责向幼儿提出假期健康的要求。

（5）各班班主任：组织幼儿参加散学典礼。

（6）大班老师：选定“我的假期计划”主题发言代表。

（7）中班老师：选定“我的假期计划”主题发言代表。

【活动流程】

进场—假期安全专题教育—听听医生阿姨的嘱咐—“我的假期计划”主题发言—颁奖仪式—结束，退场。

【活动过程】

（一）进场（9:55—10:00）

1. 设计要点

以班级为单位，按照规定的地点排队进场。

2. 活动要求

各班提早做好入场前的准备工作，按照统一的要求，在教师的组织下迅速进入指定场地。

（二）假期安全专题教育（10:00—10:10）

1. 设计要点

安全主任对全体幼儿开展假期安全教育，也可以组织师生排练相关的情景表演，通过情景表演的方式，帮助全体幼儿掌握各种安全问题的应对与处理方法。

2. 活动要求

安全主任对全体幼儿开展假期安全教育时，可提供相应的图片；主持人可现场组织幼儿对刚刚看到的情景表演进行讨论。

（三）听听医生阿姨的嘱咐（10:10—10:20）

1. 设计要点

医生从保健的角度告诉幼儿假期养成良好的作息习惯、预防疾病的方法。

2. 活动要求

提供相应的图片，帮助幼儿了解怎样预防疾病；良好作息习惯的教育可采取一问一答的方式。

（四）“我的假期计划”主题发言（10:20—10:30）

1. 设计要点

中、大班幼儿进行“我的假期计划”主题发言，交流自己的个人计划，发挥榜样示范作用。

2. 活动要求

发言幼儿要做好充分准备，发言时条理清楚、声音洪亮。家长或教师可协助幼儿准备图文并茂的计划图，帮助全场幼儿理解。回班后教师组织幼儿讨论，并让幼儿在家长的帮助下完成假期计划的制订。

（五）颁奖仪式（10:30—10:40）

1. 设计要点

颁发本学期各种奖项，幼儿之间相互祝贺、学习与分享。

2. 活动要求

回班后教师组织幼儿讨论，请获奖幼儿谈获奖体会。

（六）结束，退场（10:40—10:50）

1. 设计要点

散学典礼结束，主持人祝福全体师生假期过得充实、愉快！

2. 活动要求

活动结束，各班在主持人的指挥下按照先后顺序退场。

方案12　幼儿园周年庆典

【使用导引】

幼儿园周年庆典是一个大规模的活动，是促进幼儿园团队文化建设、提升幼儿园办园水平的得力措施，也是幼儿园培训家长、资源共享、家园沟通和进行课程建设最好的方式。教育无处不在，教育无时不有。本次大型活动内容更多地从课程的角度来考虑，选择了“我爱我的幼儿园”主题活动、“我心中的幼儿园”幼儿美术作品展、“幼儿园知多少”有奖问答、“建园十周年庆典暨文艺演出”“和爸爸妈妈一起装扮幼儿园”“园庆十周年发展回顾展”等内容，激发幼儿热爱幼儿园、以园为家的情感，让幼儿在参与主题系列活动的过程中得到各种锻炼，促进他们的情感、态度、知识、技能的全面发展。同时，这个系列活动能很好地利用家长与社区的教育资源，体现大教育的精神。

【活动目标】

（1）全园师生、家长共同参与，以系列活动庆祝幼儿园成立十周年。

（2）以“园庆”为契机，加大幼儿园形象宣传力度，扩大幼儿园的社会影响；增强团队凝聚力，促进团队文化建设；提升幼儿园办园水平和品质。

（3）遵循“将园庆活动与保教工作结合、将园庆活动与师生参与结合，将园庆活动与《指南》落实结合”的原则，把园庆的过程和教育的过程合二为一。

【活动准备】

（1）场地准备：商定系列活动场地，联系剧场。

（2）宣传准备：营造“十周年园庆”气氛。

（3）活动准备：排练与设计系列活动。

（4）材料准备：系列活动需要的材料、道具、服装以及环境布置材料。

（5）人员准备：邀请领导、嘉宾、社区家长代表、报社媒体人员参与。

【活动地点】

幼儿园、租赁的剧场。

【活动时间】

幼儿园园庆时间。

【活动形式】

全园师生、家长。

【人员安排】

成立“园庆”组委会。

（1）组长：园长，总指挥、活动总策划，负责园庆活动的决策、指导、监督、外事工作。

（2）副组长：教学副园长或教学主任，总执行、园庆总监制，负责整个活动的统筹、策划细则、人员调度、执行、现场指挥和活动总方案、分方案的撰写工作，保证整个活动的有序进行。

（3）后勤组：负责材料购买、场地安排，全面提供园庆活动中的所有后勤服务保障。

（4）系列活动负责人（每组有一个负责人）：根据全体教职工的性格、特长，每一项活动选出两位教师负责（见下表）。

活动项目	“我爱我的幼儿园”主题活动	“我心中的幼儿园”美术作品展	“幼儿园知多少”有奖问答	文艺专场演出	和爸爸妈妈一起装扮幼儿园	员工庆祝活动	园庆十周年发展回顾展
负责人（两名）	大、中班骨干教师	小班年级组长、大班骨干教师	大班年级组长、中班骨干教师	中班年级组长、小班骨干教师	家委会成员	专职骨干教师	小、中、大班骨干教师
要求： 1. 全体教职工齐心协力、共同参与、团结合作、群策群力，不计个人得失，为幼儿园“十周年园庆”活动的圆满成功而全力以赴 2. 服从自上而下的统筹安排，各组明确目标，分工合作，加强沟通 3. 做好活动中全体教职工和幼儿的保健工作，及时处理意外事故 4. 制订安全、保健计划和预防措施，制订后勤工作计划，保证活动的正常开展							

【系列活动内容】

（1）“我爱我的幼儿园”主题活动。

（2）“我心中的幼儿园”幼儿美术作品展。

（3）“幼儿园知多少”有奖问答。

（4）建园十周年庆典暨文艺演出。

（5）和爸爸妈妈一起装扮幼儿园。

（6）“相聚十年”幼儿园员工庆祝活动。

（7）园庆十周年发展回顾展。

【活动流程】

宣传启动—活动开展—回顾总结。

【活动过程】

（一）宣传启动

1. 设计要点

对于这样的大型活动，宣传工作非常重要。而宣传的核心就是统一大家对本次活动的认识，群策群力，一起为目标而努力。宣传工作包含三个方面的重点：一是对全体教职工的宣传，激发员工参与本次活动的热情；二是以园方名义向全体家长发出一个正式的通知，明确本次活动的意义、目的、内容、方式，获得家长的支持；三是对社会的宣传，全体教职工以及家长从不同层面宣传本次活动的主要思想，获得社会的支持与认可。

2. 活动要求

- 向全体家长发放“温馨告知”，介绍幼儿园园庆活动、孩子园庆期间在园学习、生活的调整以及对家长的具体要求，获得家长的全力支持。
- 召开家委会会议，充分发挥家委会的积极作用。
- 邀请社会各界人士参加园庆活动，扩大幼儿园的影响。
- 每一系列活动要有详细的具体活动分方案，包括活动的设想和现场人员的分配，便于统筹指挥。

附：“幼儿园十周年园庆”的温馨告知

尊敬的家长：

× 年 × 月 × 日对幼儿园来说是一个有着特殊意义的日子，因为它将迎来我园的十周岁生日。为了欢庆这个日子的到来，我园将开展“幼儿园十周年园庆”主题系列庆祝活动，活动的目标是：①全园师生、家长共同参与，以系列活动庆祝幼儿园成立十周年；②以“园庆”为契机，加大幼儿园形象宣传力度，扩大幼儿园的社会影响；③把园庆的过程和教育的过程合二为一，激发孩子们热爱幼儿园、以园为家的情感，并让孩子们在参与主题系列活动的过程中得到各种锻炼，促进幼儿情感、态度、知识、技能的全面发展。

园庆系列活动由以下几大部分组成：

1.“我爱我的幼儿园”主题活动；

2.“我心中的幼儿园”幼儿美术作品展；

3.“幼儿园知多少”有奖问答；

4. 建园十周年庆典暨文艺演出；

5. 和爸爸妈妈一起装扮幼儿园；

6.“相聚十年”幼儿园员工庆祝活动；

7. 园庆十周年发展回顾展。

为了园庆系列活动的正常开展，我园在教育教学、兴趣班的课程安排方面会统一进行调整：各班以“幼儿园十周年园庆”为主题开展全园性的教学活动，以学科教学为主，以小组教学为主要形式，灵活安排各班课程内容。

幼儿园能取得今天的成绩离不开家长的关爱，感谢家长朋友们一直以来对我园工作的大力支持！面对这样的大型活动，我们真诚地希望能得到您的鼎力帮助，相信在我园全体师生与家长的共同努力下，这次活动一定会取得圆满成功！再一次感谢您的理解和支持！

×× 幼儿园

× 年 × 月 × 日

（二）活动开展

1.“我爱我的幼儿园”主题活动

（1）设计要点

以班级为单位，开展“我爱我的幼儿园”主题活动。通过系列活动的开展，让幼儿了解幼儿园的发展历程，知道幼儿园大家庭的组成部分，表达“我爱幼儿园”的情感。各班教师利用园庆的机会对幼儿进行爱园教育，加强和家长的沟通，扩大活动在家长中的影响力。以学科教学为主，以小组教学为主要形式，灵活安排各班课程内容。

（2）活动要求

- 小、中、大班各有不同的侧重点。小班幼儿可以从了解身边以及爱身边的人入手，如班级教师、园长、医生等，中、大班幼儿则可以尝试了解幼儿园的发展以及开展爱园行动等。
- 充分利用家长资源，让家长参与到爱园活动中。

2.“我心中的幼儿园”幼儿美术作品展

（1）设计要点

以“我心中的幼儿园”为专题，针对不同年龄班的幼儿，开展主题绘画活动。引导幼儿充分发挥自己的想象，寄望美好的愿景，描绘心中美丽的家园；还可以引导幼儿绘制幼儿园的过去、现在与将来，增强幼儿的绘画兴趣。

（2）活动要求

- 小、中、大班各有不同的侧重点。
- 小班亲子共同参与，中、大班可尝试合作或集体作画的方式。

3.“幼儿园知多少”有奖问答

（1）设计要点

围绕主题活动，开展“幼儿园知多少”有奖问答，通过活动帮助幼儿了解幼儿园的基本情况、特点等，引导幼儿在关注幼儿园的过程中激发爱园之情。

（2）活动要求

- 小、中、大班各有不同的侧重点。
- 可着重引导小班幼儿了解幼儿园的基本情况，可以引导中、大班幼儿关注幼儿园的特色、内涵等方面的一些内容，激发幼儿的自豪感。

4. 建园十周年庆典暨文艺演出

（1）设计要点

通过一场高水平的、体现幼儿园特色和师生风采的文艺节目，迎接幼儿园十周年庆典活动。全园师生、家长及社会各界人士共同参与，充分互动，庆祝幼儿园园庆。

（2）活动要求

- 做好节目的排练、审查以及主持人台词等准备工作。
- 制作园庆专题片。
- 做好回顾展标志的设计以及活动宣传册等宣传工作。
- 提前准备好工作人员用品（文化衫、迎宾带、工作证）、签名册、入场券、演员服装及化妆品等。
- 提前做好联系摄影师、记者以及嘉宾邀请等工作。
- 召开家委会会议，发放告全体家长通知，落实入场券的发放、演员及家长的配合、化妆地点的安排、演出后演员的接送等工作。
- 剧场工作人员提供音响、灯光、前台、联络、导位、安全、剧场位置布置整理（领导台、嘉宾席、主持台、加位、卫生）等服务。

附 1：现场具体分工和具体工作安排表

总负责：园长　　总指挥：副园长　　舞台总监：音乐组长、年级组长

项目组别	组长	主要职责
接待组	办公室主任	着装；准备嘉宾介绍名单、签到、门口引位、戴花、嘉宾台上引领；嘉宾座位标记
后勤组	后勤主任	演员，道具的运送，水，点心，图书，礼物准备，收场
前台组	音乐组长	灯光，音响，幻灯放映，宣传片的放映（配对讲机）

续表

项目组别	组长	主要职责
后台组	年级组长	道具撤换，演员化妆，演员管理，换衣服，张贴节目单，催场，放烟花，最后演员上场的组织
秩序维护组	安保组长	门口验票，会场秩序，演出后幼儿的接送，嘉宾车辆导位
保健组	保健医生	后台演员的护理，意外事故的处理
摄影摄像组	美术专职教师	三个角度进行摄像、摄影，制作光盘

附2：关于幼儿园“建园十周年庆典暨文艺演出”活动的通知

尊敬的各位家长朋友：

× 年 × 月 × 日我园将开展“建国十周年庆典暨文艺演出”活动。该活动是园庆系列活动中的核心内容，我们将邀请全体家长携孩子参加。考虑到本次活动中我们将和家长朋友以及社会各界人士共同欢庆，为了让幼儿园的全体教职工、全体幼儿和全体家长在本次活动中树立良好的社会形象，特对全体家长提出以下几点要求。

1. 由于场地的限制，我们给每个家庭发放一张入场券（限 1 位家长带 1 名幼儿），活动当天上午幼儿放假半天休息，下午 3:00 请家长朋友们带孩子准时入场，尽量乘坐公共交通工具前往，并对号入座。

2. 为保证活动效果，活动现场请不要摄像和摄影，幼儿园将请专人摄像、摄影，并会统一刻录光盘。

3. 为保证会场秩序，请家长朋友们遵守会场纪律，关闭手机响铃或将其调至振动状态，不抽烟，不大声喧哗，并负责管理好自己的孩子；请勿在会场频繁走动或中途退场，并注意保持会场的清洁。

×× 幼儿园

× 年 × 月 × 日

附 3：幼儿园“建园十周年庆典暨文艺演出”主持台词（开场与结尾节选）

开场台词

尊敬的各位领导、来宾、家长朋友，亲爱的老师们、小朋友们：

下午好！

在这个深情的暖冬，我们怀着无比兴奋与喜悦的心情，迎来了幼儿园十周年园庆的盛典。

首先，请允许我介绍今天出席我园园庆活动的嘉宾，他们是……感谢你们的光临！

今天莅临我园周年庆典活动的还有各姐妹园的园长、居委会的领导和各报社的记者朋友们，欢迎你们！

结尾台词

（配乐手语互动《感谢你》）

有人说我们是蜡烛，燃烧自己，照亮了别人；

有人说我们是春蚕，吐尽蚕丝，美丽了人间；

还有人说我们是园丁，默默奉献，播种了希望……

其实，我们只是一群平常的人，一群热爱生活的人。

诚然，花的事业是甜蜜的，果的事业是珍贵的，而我们宁愿选择叶的事业，用美的阳光普照，用爱的甘露滋润，为花蕾输送绽放所需的营养……

我们还想做善的使者，去撞动那一颗颗幼小的心灵，用自己的热忱去温暖每一个孩子的心田！

各位领导、来宾、家长朋友，老师们，小朋友们，请全体起立，让这些跳动的音符串成最动听的旋律，一起点缀我们生命的精彩！

（尾声《同一首歌》）

尊敬的各位领导、来宾、家长朋友，亲爱的老师们、小朋友们，我们的努力创造了辉煌的过去，我们的畅想昭示着灿烂的明天。让我们一同携手，为建设更加美丽的幼儿园而不懈努力！

祝愿小朋友们健康成长，永远快乐！

祝大家身体健康，心想事成！

也祝愿幼儿园的明天会更好！

本次园庆活动到此结束，谢谢大家的光临！

合：再——见！

请全体领导和嘉宾上台来和我们的小演员、老师们一起合影。

5. 和爸爸妈妈一起装扮幼儿园

（1）设计要点

以班级为单位，请家长与幼儿参与幼儿园庆祝活动的环境创设，家长与幼儿设计装扮方案，分工合作，一起装扮幼儿园。

（2）活动要求

环境装扮要围绕主题，引导幼儿通过绘画、手工等艺术形式表达对幼儿园的热爱，鼓励幼儿积极参与到美化幼儿园的行动之中。

6. “相聚十年”幼儿园员工庆祝活动

（1）设计要点

- 欢乐聚餐。
- 主持人开场白。
- 播放“十年回首”专题片。
- 颁发荣誉证书：“十年荣誉员工”。
- 教职工代表讲话。
- 领导讲话。

（2）活动要求

提前制作“十年回首”专题片，保持神秘感，以便给教职工带来惊喜与感动。

7. 园庆十周年发展回顾展

（1）设计要点

制作幼儿园十周年园庆专题片——《今朝雏鹰展翅，明日高阳在天》，展示幼儿园的园史、荣誉、教育教学成果。设计与制作活动宣传册、文化衫、纪念品等。

（2）活动要求

- 收集的园史、荣誉、教学成果等资料要准确，不要有遗漏。
- 活动宣传册、文化衫、纪念品的设计和制作要有一个统一的标志。

附：幼儿园宣传片拍摄和资料收集具体安排表

段落	重点内容
第 1 段	拍摄幼儿园周边环境、大门等
第 2 段	意境拍摄：街道长路
第 3 段	老教师十年前照片：个人和集体照，个人照片注明教师来自何处
第 4 段	幼儿园原貌照片
第 5 段	教师各种活动照片和工作照片
第 6 段	拍摄幼儿园整体环境、领导的照片，并配上文字
第 7 段	跟随文字进行拍摄
第 8 段	拍摄班级环境
第 9 段	拍摄特色课程
第 10 段	园长、医生门口接待幼儿和家长，保育员护理孩子，收集幼儿各种活动的录像（秋游、演出等）
第 11 段	幼儿园行政班子、党支部、团支部、工会、后勤、保育组等幼儿园各种机构积极向上的团队照片，照片下标有文字
第 12 段	中年教师在教室带幼儿活动的照片
第 13 段	年轻教师在户外和孩子一起玩耍的照片
第 14 段	全体教职工一起往前走的照片
备注：参加拍摄的教师注意着装（每人准备两套服装）、教具和环境的准备，教室环境和幼儿园整体环境的准备	

（三）回顾总结

1. 设计要点

通过分部门讨论、全体教职工会议等总结本次活动经验；制作主题视频，收集整理照片、方案文本等本次活动的相关资料。

2. 活动要求

要让全体教职工参与总结，明确本次活动的收获与不足，将总结的过程变为培训与提升的过程。

方案13 “快乐飞翔”幼儿园毕业典礼

【使用导引】

童年是一段“快乐来得快，忧愁去得快”的纯真时光，也是许多人长大之后无限眷念的寻梦园。经过三年在幼儿园的学习和生活，大班幼儿即将告别老师和同伴，进入下一个阶段的小学生活。为了全面展示毕业生的风采，激发幼儿作为毕业生的自豪感，体验毕业离园时的惜别情，萌生对小学生活的向往之情，同时也给幼儿留下一份珍贵的回忆，在大班幼儿即将毕业之际，幼儿园特地安排了毕业庆典活动。“毕业典礼”既是幼儿在园三年结束时的一个典礼，也是教师为幼儿在园三年最后设计的一个活动课程。

【活动目标】

（1）积极参与毕业庆典活动，勇敢展示自己，感受毕业典礼的欢乐气氛。

（2）在参与毕业典礼的排练和演出过程中，激发团结协作精神，展示自己三年来的学习、成长与进步。

（3）珍惜离别，学会分享，学习感恩，体验毕业离园时的惜别之情，表达对老师和同伴的情感。

（4）为自己成为幼儿园毕业生而感到骄傲和自豪，萌发对小学生活的向往之情。

【活动准备】

（1）联系毕业典礼的场所，做好走台、彩排、正式演出的场地准备。

（2）布置毕业典礼会场。

（3）做好毕业生舞台节目表演以及主持人、家长代表、毕业生代表发言的排练及准备工作。

（4）购买毕业典礼需要的演出服装、化妆品、毕业证、鲜花等。

（5）邀请领导、嘉宾、社区幼儿家长代表、报社媒体等。

【活动地点】

幼儿园礼堂或租赁的会场。

【活动时间】

7月初某天下午2:50—5:00。

【活动形式】

大班全体师生。

【人员安排】

（1）大班年级组长：负责整个活动的策划、组织、指导与执行。

（2）大班班级教师：执行年级组长的活动方案。

（3）教学副园长或教学主任：协助整个活动的推进工作。

（4）后勤组：购买毕业礼品、鲜花、礼炮等，联系场地，协调灯光师，布置场景，制作家长入场券等。

（5）中、小班年级组：派有特长的教师支持大班毕业典礼的开展。

（6）家长：参与毕业典礼化妆、门卫等家长义工工作。

（7）其他角色：摄像、摄影人员，音响负责人员，医生，场地秩序维护人员，门卫，环境布置人员等。

【活动流程】

家长进场—毕业典礼—珍贵一瞬间—家长携幼儿离场。

【活动过程】

（一）家长进场（14:50—15:00）

1. 设计要点

家长提前10分钟凭票进场，依照观众席座次安排入座，即按色块安排入座（大一班：红色；大二班：蓝色；大三班：黄色；大四班：绿色）。为每个家庭发两张票，在门口入场处张贴一张座位示意图。

2. 活动要求

- 家长按照观众席座次安排入座。
- 要求家长着正装准时出席。

（二）毕业典礼（15:00—16:20）

1. 导引——开场舞

（1）设计要点

在欢快喜庆的开场舞中主持人亮相。

主持人：孩子们，恭喜你们毕业了！在今天这个特别的日子里，园长有很多祝福的话想要对小朋友们说，请看大屏幕。（大屏幕播放园长的讲话视频）

园长寄语后，主持人宣布本届毕业典礼正式开始！

（2）活动要求

- 提前录制园长祝福毕业生的视频。
- 开场舞呈现之前，全场保持安静。

2. 第一篇章《甜甜的回忆》

（1）设计要点

- 播放毕业生三年成长的视频，带家长走近幼儿三年的成长生活。大屏幕上呈现孩子们的欢呼声和放飞气球或鸽子的视频，播放背景图配上轻音乐，同时在下方滚动字幕：“三年前，宝宝们依依不舍地离开家人，半是无奈半是好奇地走进幼儿园。如今，他们就要毕业了，即将跨过人生的起点，翻过一生的一个重要篇章。于是，我们和家长、孩子一同重温曾经的时光，用感恩的心、用快乐的记忆勾画三年里的点点滴滴……”配乐播放幼儿从小班、中班到大班在园生活、学习的照片及孩子参加大型活动的录像。
- 情景节目《宝宝长大了》。一群表演功底非常棒的大班幼儿用稚嫩到慢慢成熟的动作表现自己的成长过程。“我们在磨炼中坚强了，我们在表演中自信了，我们在运动中健康了，我们在游戏中快乐了，我们在时间中长大了。”主持人以热烈的话语迎出一群长大了的宝宝！

- 合唱节目《友谊地久天长》。主持语："爱玩是我们的天性，三年的时光让友谊之花地久天长。"

（2）活动要求

- 提前收集资料，制作毕业生三年成长视频。
- 做好节目间的衔接，保证章节的完整性。

3. 第二篇章《感谢您》

（1）设计要点

- 真情表白：在抒情的音乐声中，一群女孩与自己的老师翩翩起舞……幼儿代表与家长代表真情表白，抒发对教师的离别、感恩之情。
- 家长倾情表演《课堂 ABC》：家长们为孩子精心策划小学课堂情景，激发幼儿对小学的向往之情，表达全体家长的一片心意。
- 幼儿集体演唱《爱在人间》《朋友》：集体表演两首好听的歌曲，表达对父母、师长的感恩之情，对小伙伴深深的友谊和爱。
- 全体大班孩子合唱《毕业歌》：采取男女生对唱与合唱的方式，适当加入头部动作与手势，表达全体毕业生即将离开幼儿园的不舍与感恩。
- 园领导颁发毕业证：非常神圣的一刻。园领导为全体毕业生颁发毕业证书，教师协助，每位毕业生拿到证书以后要向园领导表示感谢，园领导祝贺，营造热烈又庄重的颁证氛围。
- 家长代表献花：家长代表向老师们以及幼儿园工作人员代表（行政、安保、医生、厨师等）献花。

（2）活动要求

- 园领导颁发毕业证时，要保证每个毕业生都能拿到自己的毕业证。教师要提前按照幼儿的站位排序，并现场协助园领导颁证。
- 为保证演出效果，禁止家长现场录像和拍照，幼儿园统一安排专业录像师现场录像。
- "家长代表献花"环节要提前做好幼儿园工作人员的组织与排练工作。

4. 第三篇章《明天更美好》

（1）设计要点

- 打击乐表演《喜洋洋》《大中国》：大班幼儿先后表演打击乐《喜洋洋》与《大中国》，表现出祖国的辉煌！
- 快乐体育《从这里开始飞翔》：以音乐为背景，将毕业生表演的呼啦圈、运球、跳绳等各种运动技能组合在一起，相继呈现在舞台上，表现毕业生积极向上、朝气蓬勃的体育运动精神。
- 舞蹈《我是小女兵》：这是专门为女生设计的一个节目。选择军队题材的音乐，配上女生干脆、有力的基本动作，表现军人的风范。
- 中班舞蹈《虫儿飞》：中班幼儿代表弟弟妹妹为大班的哥哥姐姐送上美好的祝福！

（2）活动要求

- 快乐体育《从这里开始飞翔》环节，要管理好体育器械，关注幼儿舞台表演的安全。
- 中班舞蹈《虫儿飞》环节，要关注中班幼儿的情绪与组织工作。

（三）珍贵一瞬间（16:20—16:50）

1. 设计要点

教师、幼儿、家长在音乐声中道别、合影，留下永恒的美好回忆。

2. 活动要求

要营造全场自然、热烈的场面，同时工作人员也要注意现场的组织和安全；拍集体照的工作人员速度要快。

（四）家长携幼儿离场（16:50—17:00）

1. 设计要点

演出结束后，各班教师听前台指挥组织各班幼儿按秩序与家长交接。

2. 活动要求

- 注意派专人把守台口，防止电线、灯光等设备绊倒幼儿。
- 各班接幼儿要有序，一定要把幼儿交到家长手里，家长接到幼儿后快速离开，避免混乱。

附 1：毕业典礼现场分工及人员安排表

项目	负责人员	具体负责内容及要求
现场总负责	园长	现场总监督及突发事故的决策
现场总指挥	副园长或教学主任	对现场总负责
安全、后勤总负责	后勤主任	检查现场安全部署情况，安排现场观众、领导席位，临时调配、安排后勤物资
总执行	大班年级组长	负责整个毕业典礼现场程序的推进工作
视频制作	年级组教师 3 人	1 人制作视频（可外请人员），2 人搜集资料
撰稿人	年级组主持教师、家委会代表	撰写主持人台词，撰写孩子、家长真情表白文字，撰写三个篇章文字解说
前台指挥	年级组班主任	负责演出现场的协调（灯光，音响，道具搬运，喷放彩条、礼花等），保持舞台干净
后台管理	年级组班主任	负责分配休息点，维持后台秩序，各休息点要有醒目的节目名称，供催场老师了解
催场	年级组教师或家长	直接与负责节目的老师联系，两个节目同时候场，候场时保持舞台两侧安静
主持人	教师及幼儿	现场主持工作
摄影、摄像	外请摄影工作室、专业录影师	负责整场典礼的摄影工作
视频及音响	电教老师	按规定的节目顺序播放
灯光	剧场工作人员	根据节目进行灯光的调配
化妆、服装	家长义工、班级人员	协助演员更衣、化妆、上场
迎宾	中、小班教师	负责迎接家长及来宾
道具	厨房工作人员	道具管理及上下台搬运
舞台布景及卫生	美术教师与保育教师	美术教师负责舞台背景及舞台设计，保育员负责现场的卫生工作
医护	医务人员	负责现场人员的急救以及安全预防工作
安保	保安	把守会场的两个入口，防止幼儿擅自离开
交通	司机	负责道具等物品的搬运

续表

附 2：节目管理人员分工表

节目序号及名称	节目负责人	演员名单	幼儿交接提示

附 3：节目要求明细表

节目序号及名称	节目负责人	道具及服装	灯光及音乐视频要求	话筒要求

附 4：家长发言

尊敬的各位老师、各位家长、各位来宾，可爱的小朋友们：

大家好！

今天，我非常荣幸地参加孩子的毕业典礼，并作为家长代表在此发言。我此刻的心情和其他家长一样，心中充满感激。首先，请允许我代表所有的家长真诚地感谢为小朋友的健康成长倾注了全部热情和智慧的老师们！感谢你们四年来对我们孩子的关心与呵护，感谢你们对我们孩子的细心与贴心，感谢你们对我们孩子的爱心和耐心。正是你们的努力、你们的爱成就了孩子们的健康、快乐和笑容。

我们记得每学期老师精心准备的公开课，记得老师说：“切切切，土豆丝，切切切，土豆片……”

我们记得每天进到教室，孩子都要把小手伸给老师看指甲长了，老师会说：“××，过来剪指甲……”

我们记得每学期一开学，看到老师们精心准备的焕然一新的教室墙壁、活动区……

我们记得一起去春游，去光明农场摘桑葚，去给奶牛喂奶，去青青世界野餐……

时间也许会冲淡我们的回忆，但是，岁月绝对磨灭不了我们对幼儿园的深情。衷心地感谢所有的老师！你们的辛劳，我们记得，我们的孩子也永远记得！最后，让我深情地向老师们再一次道一声：感谢你们！谢谢！

还有谢谢每天站在校园里，永远微笑着注视孩子们的园长！

谢谢从开学第一天到毕业最后一天，永远在忙碌的老师们！

谢谢每天为了孩子们的健康操心劳累的医生！

谢谢让孩子们吃得饱饱的厨师们！

谢谢每天第一个和孩子们说早上好的保安叔叔！

祝福：

孩子们健康、快乐、平安！

老师们健康、幸福、美丽、快乐！

祝愿所有的家庭更加幸福美满！

祝愿幼儿园明天会更好！

谢谢大家！

附5：毕业生代表致辞

亲爱的园长、老师、叔叔、阿姨、小朋友们：

你们好！

我叫×××。今天，我真是激动极了，因为我们就要毕业了，我要代表大班143个小朋友说说大家的心里话。

亲爱的老师，我们真的舍不得离开您！是您，教我们懂得了讲礼貌、讲卫生；是您，教会了我们唱歌、跳舞、画画、讲故事；是您，让我们懂得了许多道理；是您，领着我们愉快地游戏。我们忘不了，您亲切的微笑；忘不了，您慈爱的眼神；忘不了，您总爱说“你真棒”；忘不了，您总是鼓励我们去试一试。

我真想永远留在您身边，可您却对我说：“孩子，你长大了，要去上小学、中学、大学，学习更多的本领！”在您带我们参观小学后，我们又多么希望自己能马上成为一名光荣的小学生，坐在明亮的教室里读书写字！当我告诉您“我会做一名很棒的小学生”时，我发现您的眼睛红了，我知道，您舍不得我们走。

亲爱的幼儿园，我要谢谢你，这里有每天都会热情招呼我们的园长、老师，有每天为我们做健康检查的医生，有每天为我们做好吃的叔叔、阿姨，你们辛苦了！等我们上了小学，一定好好学习，用优异的成绩回报你们！亲爱的幼儿园，等我戴上红领巾，我一定会回来看望你！

五、节日类

方案14 暖暖的“三八”节

【使用导引】

暖意融融的3月，迎来了一年一度的“三八”国际妇女节。在成长的路上，孩子们得到了太多的关爱和眷顾。为了不失时机地对幼儿进行感恩教育，使他们学会感恩、学会回报，我们将开展“学会感恩，与爱同行”感恩活动，为妈妈、奶奶、外婆等亲人献上一份最诚挚的爱。

教育是一种影响。爱的教育是没办法只通过一个节日或者几个活动来实现的。“为妈妈送一幅画，递上一杯开水，倒一次洗脚水，捶一次背，唱一首歌，深情地说一声：‘妈妈，我很爱你……’”，幼儿就能学会爱与表达爱了吗？爱的教育是一种环境，一种氛围，一种影响。所以，我们更应该借助“三八”节这样的一个节日，引导幼儿去关注当这样的节日到来时，他们所生活的环境会发生怎样的变化，社会上对妈妈、老师、奶奶会是怎样的一种态度，以及在这样的影响下，他们应该怎样学、怎样做。这才是真正能给幼儿带来影响与改变的教育。所以，本活动从引导幼儿了解节日入手。

【活动目标】

（1）通过参与活动，让幼儿知道3月8日是妈妈、奶奶、外婆等妇女的节日，了解妈妈的工作和妈妈的喜好，知道妈妈、奶奶、外婆养育了我们，她们为我们的成长付出了辛勤的劳动，以此培养爱妈妈、奶奶、外婆的情感。

（2）结合社会节日的大环境，通过系列活动的开展营造尊重妇女的氛围和创设充满关爱的环境，让幼儿在影响中受到教育，萌发关心女性长辈的情感，学会感恩。

（3）引导家长平时要关注孩子，给予他们关心长辈的机会，放手让他们去做点滴的小事，让孩子们在生活的细节中学会关爱，学会付出，学会回报，懂得孝敬，懂得体谅长辈的良苦用心，更懂得珍惜这难得的真情！

【活动准备】

（1）制定方案，明确目标。

（2）做好有关社区、家庭、幼儿园的沟通工作，为幼儿创设一个温馨、充满关爱的环境。

（3）通知家长参加活动。

（4）布置教室、走廊、主题墙。

【活动地点】

幼儿园。

【活动时间】

3 月 8 日前后一周时间。

【活动形式】

全体师生、家长。

【人员安排】

（1）活动策划组：园方代表、家委会代表、社区代表，负责整个活动的策划、统筹、协调工作。

（2）活动执行组：年级组长、班主任、家委会成员，负责宣传、通知以及活动的组织、执行等工作。

（3）后勤服务组：负责物品购买、场地分配、环境布置等工作。

【活动流程】

“三八”节是谁的节日—了解她们的工作—她们怎么过节—慰问辛苦中的她们—和妈妈在一起。

【活动过程】

（一）“三八”节是谁的节日

1. 设计要点

教师出示挂历，询问3月8日是个什么日子。教师向幼儿介绍：“3月8日是妇女节，妇女节又称国际妇女节。”询问幼儿：“妇女节是谁的节日？哪些人可以过妇女节？”引导幼儿思考后回答。教师小结：“哪些人被称作妇女，第一要是女的，第二要是大人，满足这两个条件的人就被称为妇女。3月8日是妇女节，是妈妈、老师、外婆、奶奶、姨妈、姑姑的节日。”

2. 活动要求

- 把挂历粘贴在主题墙面上，便于幼儿集中讨论以及在生活中翻阅。
- 可在语言区投放关于“三八”节的书籍，丰富幼儿的知识。
- 请家长在生活中引导幼儿关注并收集“三八”节到来的各种信息。

（二）了解她们的工作

1. 设计要点

- 说说老师对孩子的关爱。
- 说说妈妈工作的辛苦。
- 说说奶奶（外婆）对孩子的照顾。
- 说说阿姨们的工作。

2. 活动要求

引导幼儿讲述妈妈（外婆、奶奶、姨妈、姑姑、老师）的工作以及平时是如何照顾自己的。在讲述中，帮助幼儿体验到她们的辛苦，表达对她们的感激之情。

（三）她们怎么过节

1. 设计要点

- 老师过节：幼儿园会组织老师开展“三八”节活动，既体现了园领导对老师们的关怀，也为幼儿创设了一个关爱妇女的环境。

- 妈妈过节：妈妈们放假半天，或者逛商场，或者看电影。
- 奶奶（外婆）过节：爸爸们给奶奶（外婆）买一个好吃的蛋糕，祝奶奶（外婆）健康长寿。
- 阿姨过节：引导幼儿关注阿姨脸上绽放的笑脸。

2. 活动要求

- 提醒幼儿关注“三八”节到来时周围环境的变化。
- 营造一个充满浓浓爱意的社会氛围，让幼儿感受到处处有关爱的人文环境。

（四）慰问辛苦中的她们

1. 设计要点

- 《爱我你就亲亲我》综合活动（小班）：首先，请小朋友对妈妈（外婆、奶奶、老师）说声“节日快乐”，并送给她一个大大的拥抱，一个甜甜的香吻。在《爱我你就亲亲我》的歌声中，请小朋友跟妈妈（外婆、奶奶、老师）一起，在听到音乐时做动作，比如，爱我你就陪陪我（手牵手转圈），爱我你就亲亲我（亲妈妈），爱我你就夸夸我（竖起大拇指夸妈妈），爱我你就抱抱我（抱妈妈）。
- 慰问活动（大班）：带领幼儿到居委会慰问阿姨、奶奶们。
- 关爱亲人（中、大班）：引导幼儿为妈妈（外婆、奶奶）倒一杯水，剥糖或橘子吃，表达对妈妈（外婆、奶奶）的爱。
- 小小心意（中、大班）：引导幼儿为妈妈（外婆、奶奶、老师）送上一份自己制作的小礼物，并说一句祝福的话，表达爱妈妈（外婆、奶奶、老师）的情感。
- 一句悄悄话（小、中、大班）：对妈妈（外婆、奶奶、老师）说一句悄悄话，比如，我送妈妈连衣裙，祝妈妈永远漂亮。在幼儿说完悄悄话后，教师可以说：“我们的悄悄话，是我们的心声，妈妈，谢谢你们！妈妈，祝你们节日快乐！”幼儿齐祝：“妈妈，节日快乐！”

- 做做家务活儿（中、大班）：帮妈妈（外婆、奶奶）做事情。后续活动中，可准备一个“我帮妈妈”记录本，主要记录幼儿帮助妈妈做力所能及的事情，用参与劳动的方式表达对成人的关爱。

2. 活动要求

- 以上活动要考虑根据不同年龄阶段幼儿的特点以及班级幼儿的实际情况进行选择性安排。
- 要充分结合幼儿的生活开展活动。

（五）和妈妈在一起

1. 设计要点

- 和妈妈一起游戏：引导幼儿和妈妈一起做心心相印、夹球比赛、抢椅子等游戏，在和妈妈共同游戏中，体验快乐。
- 和妈妈一起表演节目：引导幼儿在妈妈的带动下，和妈妈一起上台表演节目。在愉悦的音乐声中，体会与妈妈相聚的快乐，在体会爱妈妈的情感中，表达爱妈妈的情感。教师可作为主持人充满激情地组织表演。

2. 活动要求

- 以上活动要考虑根据不同年龄阶段幼儿的特点以及班级的幼儿实际情况进行选择性安排。
- 关注幼儿的情感体验与活动的参与。

方案15 “缅怀先烈”清明节

【使用指导】

清明节是我国的传统节日。清明来到时，万物凋零的寒冬已经过去，风和日丽的春天真正开始了。在清明期间，围绕清明节这一教育主题，幼儿园组织开展系列活动。比如，向革命烈士致敬默哀或扫墓，踏青春游，荡秋千，放风筝，等。这些活动既可以帮助幼儿了解清明节的传统习俗，感受浓郁的祖国传统节日文化气息，又能锻炼身体，欣赏自然风光，充分感受春景的美好。同时，还能将清明节的节日文化主题信息与家长、幼儿共享。

【活动目标】

（1）通过活动让幼儿了解清明节的来历，知道清明节的时间及习俗，并乐于参与清明节的活动，加深幼儿对清明节传统活动的理解。

（2）引导幼儿初步了解家族中人与人之间的亲属关系，怀念先祖，尊重长辈。

（3）让幼儿理解扫墓的意义，培养幼儿尊重烈士的情感，懂得珍惜今天的幸福生活。

（4）在亲近大自然的过程中，引发幼儿热爱自然的情感，丰富幼儿的生活，培养其社会实践能力。

【活动准备】

（1）各种图案的彩蛋以及熟鸡蛋、彩笔、贴纸、橡皮泥、剪刀、胶水、白纸、线、小扫帚、照相机等。

（2）联系好扫墓的地点，与家长联系活动时间。

【活动地点】

幼儿园、公园、陵墓。

【活动时间】

清明前后。

【活动形式】

中、大班幼儿以年级组为单位组织。

【人员安排】

（1）策划、负责：各年级组长、家委会成员，主要负责撰写方案，召开班主任工作会议，布置相关工作。

（2）总执行：班主任，给班级家长发放通知书，落实组织工作及过程跟进。

（3）年级组家委会：协助年级组长联系公园，选派义工。

（4）班级家委会：协助班主任做好家长义工的组织工作。

【活动流程】

了解清明节的来历—扫墓活动—踏青活动。

【活动过程】

（一）了解清明节的来历

1. 设计要点

- 与幼儿交谈清明节的习俗。比如，运动习俗：踏青、荡秋千、打马球、放风筝、蹴鞠、插柳等；饮食习俗：吃冷食、吃鸡蛋等。
- 向幼儿讲述寒食节的故事，让幼儿了解寒食节家家户户都吃凉鸡蛋等冷食的习俗。

2. 活动要求

- 提前给幼儿布置作业：回家问问家人，家乡的清明节有哪些习俗。
- 请家长帮助幼儿了解家族中人与人之间的亲属关系。

（二）扫墓活动

1. 设计要点

- 明确扫墓活动的目的：让幼儿知道每年的清明节是我国传统扫墓的日子，为了纪念革命先烈和死去的亲人，人们往往在这一天扫墓；引导幼儿理解扫墓的意义，培养幼儿尊重烈士和先人的情感；教育幼儿更加热爱我们的祖国，更加珍惜今天的幸福生活。
- 家长带领幼儿踏青，并为去世的亲人扫墓。
- 集体制作并敬献花圈。师幼一起制作，幼儿负责制作小花，教师负责扎竹圈、写挽联，然后把幼儿做好的小花绕在花圈上，再贴上挽联。
- 用小扫帚打扫墓地。

2. 活动要求

- 教师讲解扫墓活动应注意的事项，比如，神情严肃，不乱讲话，表示对先烈的尊重。

- 要求幼儿一切行动听指挥，不进入危险区域，不单独行动。
- 家长带领幼儿踏青，并为去世的亲人扫墓。

3. 活动流程

- 各班老师对幼儿进行活动前教育。
- 幼儿整队出发。
- 到达陵墓，举行祭扫仪式：敬献花圈—用小扫帚扫墓—默哀1分钟—园外辅导员进行主题讲话，介绍英雄事迹。
- 集合归队、回园。

（三）踏青活动

1. 设计要点

以班级为单位组织全班幼儿和家长踏青春游、荡秋千、放风筝等，充分感受春景的美好。将清明节的节日文化主题信息与家长、幼儿共享。在亲近大自然的过程中，引发幼儿热爱自然的情感，培养他们的社会实践能力。

2. 活动要求

- 家长与班级教师一起策划“踏青”活动方案。
- 注意组织户外活动的安全工作。

方案16 “我们爱劳动”生活技能大比拼

【使用导引】

随着“五一”国际劳动节的到来，幼儿园会以各种各样的方式迎接它。如何通过课程的设计，在活动中引导幼儿认识周围的劳动人民，从而使他们了解“五一”国际劳动节的真正意义，感受劳动的快乐并培养其从小主动参与劳动的意识，是我们所期待的目标。本活动方案从“走进劳动节”“生活技能大比拼”以及“做个爱劳动的人”三个方面来开展。第一部分“走进劳动节”，主要通过教师介绍节日、幼儿收集信息资料和走进社区开展调查等活动，引导幼儿关心身边的事情，让幼儿走出幼儿园，通过亲身参与了解劳动节的意义以及周围劳动人民的工作；第二部分“生活技能大比拼”，通过设计不同年龄段幼儿的游戏竞赛活动，让幼儿在活动中学习劳动技能，培养劳动意识，在实际操作中感受自我劳动带来的快乐；第三部分“做个爱劳动的人”是在前两个部分的基础上，加深幼儿对周围人们尤其是身边亲人的认识，让他们学会尊重他人的劳动，激发幼儿爱劳动的愿望。

【活动目标】

（1）通过教师介绍、社区访问、收集资料等活动，让幼儿知道5月1日是国际劳动节，了解各行各业人们的劳动，了解身边的人都是劳动者，他们用劳动为大家服务，从而产生尊敬和热爱他们的情感。

（2）鼓励幼儿积极参与活动，在动一动、玩一玩中锻炼幼儿的自我服务能力以及同伴合作能力，帮助幼儿在活动中增强自信并享受其中的快乐。

（3）帮助幼儿体验劳动既辛苦又快乐，引导幼儿关心身边的事情，尊重他人的劳动，激发幼儿爱劳动的愿望。

【活动准备】

（1）联系好参观场所，并提前发放家长通知书。

（2）准备“生活技能大比拼”的各种材料、奖品以及《指引单》。

（3）做好家长义工的组织工作。

【活动地点】

幼儿园、有关参观场所。

【活动时间】

一个月。

【活动形式】

小、中班以班级为单位开展，大班以年级组为单位开展。

【人员安排】

（1）策划：各年级组长、家委会成员。

（2）总执行：各班班主任，主要负责撰写方案，召开工作布置会议和家委会工作会议，发放全园家长通知书，跟进与协调工作过程。

（3）家委会：协助班级开展活动。

【活动流程】

走进劳动节—生活技能大比拼—“做个爱劳动的人”。

【活动过程】

（一）走进劳动节

1. 设计要点

（1）了解“五一”国际劳动节

- 教师请幼儿认读日历上的5月1日，提示幼儿想一想为什么字是红色的，是什么节日，是谁的节日。告诉幼儿，这是劳动者们过的一个节日，帮助幼儿初步理解劳动节的含义。
- 介绍各行各业的劳动人民，帮助幼儿初步了解不同的劳动者对社会的不同贡献。然后，请幼儿谈谈自己身边的劳动者。此外，还可以要求幼儿分成若干小组，拿出家人的照片，说一说他们的工作，引导幼儿发现家人的工作和小朋友生活的关系，了解家人工作的辛苦，懂得尊重他们。
- 和幼儿一起读报、看新闻，鼓励幼儿收集关于劳动节的一些信息。

（2）社区活动

- 周末家长带幼儿去采访社区居民。之后，问问幼儿：“你在这些地方看到了什么？他们是怎样劳动的？”
- 安排幼儿去附近的理发店理发、到超市购物等，了解劳动人民的劳动。之后，请幼儿回忆参观理发店、超市的情景，进一步了解这些地方的工作人员劳动的辛苦。教师可以提问：“理发店的叔叔阿姨都干些什么事？没有他们会怎样？超市里的叔叔阿姨每天站着累吗？既然累，为什么还要干？你觉得他们的心情怎样？为什么？”
- 组织幼儿讨论，帮助幼儿进一步了解劳动是件既辛苦又快乐的事。

2. 活动要求

- 家长配合幼儿园做好相关的调查工作。

- 提前联系好要参观的社区。

（二）生活技能大比拼

1. 设计要点

各年级组根据幼儿的年龄特点和实际能力设计系列生活技能游戏活动，发给每个幼儿一张活动记录单。家长带领孩子以游园的形式参与（鼓励大班幼儿自主参加），每参加一项后，交由负责该项的教师在该项后面盖印章、做记录，结束后将记录单交给班级教师进行评价统计。本活动以趣味激发兴趣，以兴趣促进能力发展，让孩子在动一动、玩一玩的过程中增强自信，并享受其中的快乐，从而提高幼儿的生活自理能力。

- 我能行——活动展示篇，鼓励幼儿进行技能比拼。
- 我真棒——活动总结篇，各班在每周评选出的“劳动之星”中推举2～3名幼儿参与年级组的“劳动小能手”评选，“劳动小能手”获得劳动奖章一枚。

2. 活动要求

- 活动当天请园方提前清理好各场地，保证场地清洁、无障碍。
- 提早发放通知，让家长做好相关准备。
- 家长送幼儿来园后先进班，班级老师交代活动事项，家长领取游园指引单。
- 家长要鼓励幼儿积极参与活动，在活动前做好适当的准备。

附 1：邀请函

“我们爱劳动”生活技能大比拼活动邀请函

尊敬的家长朋友：

“五一”国际劳动节即将到来，为了引导我园幼儿认识周围的劳动人民，了解“五一”国际劳动节的真正意义，从小培养主动参与劳动的意识，感受劳动的快乐，我园特举办“我们爱劳动”生活技能大比拼活动。我们诚挚地邀请您于 × 年 × 月 × 日上午 8:50 来园参与活动！

活动流程如下。

8 : 50—9 : 00　家长携幼儿进场，并做好活动准备

9 : 00—9 : 05　主持人介绍活动流程及安排

9 : 10—10 : 10　生活技能大比拼

10 : 10—10 : 30　幼儿兑换礼品

10 : 45　活动结束，家长离园

家长须知如下。

1. 每个幼儿每项只限参赛一次。

2. 幼儿每参与一项后，请到负责该项目的老师处盖章，并领取相应的礼品。

3. 活动中，请家长协助教师教育幼儿遵守活动规则，爱护公共设施及环境，废弃物请用垃圾袋装好并放入垃圾箱，以培养幼儿良好的习惯。

4. 在活动中，请家长按照班级老师的要求配合活动的开展。家长要监护幼儿的安全，保管随身携带的贵重物品。至于活动指引单，可以自我保存，留作纪念。

×××幼儿园

× 月 × 日

附 2：小班幼儿生活技能竞赛项目安排表

活动项目	活动规则	材料准备
穿脱开衫	幼儿 4 人一组进行比赛。听教师发出指令后一起开始穿开衫，扣上纽扣后再立即将衣服解开脱下，最先脱完者获胜。取第一、二名，其余为鼓励奖	开衫 8 件，椅子 4 张
脱套头衫	幼儿 4 人一组进行比赛。比赛前，家长帮孩子穿好比赛的衣服，坐在比赛的椅子前，听教师发出指令后幼儿一起开始脱衣服，最先脱完者获胜。取第一、二名，其余为鼓励奖	套头衫 8 件，椅子 4 张
给爸妈送水	幼儿 4 人一组，站在同一条线上，爸妈面对孩子站在一定距离之外的另一条线上。听到指令后，孩子将盛有水的纸杯送到自己爸妈的手上，最先送到家长手中者获胜。取第一、二名，其余为鼓励奖	一次性纸杯 140 个，奖品若干
拧瓶盖	幼儿 4 人一组，坐在桌前，每人一个操作盘，里面装有 5 个大小、形状不同的瓶子及相应的盖子。等听到指令后，幼儿开始寻找对应的瓶、盖，并将其旋紧盖好，最先盖好盘中所有的瓶子者获胜。取第一、二名，其余为鼓励奖	托盘 4 个，瓶子 20 个，奖品若干
穿鞋子	幼儿 4 人一组，坐在椅子上脱下自己的鞋子，听到指令后开始穿自己的鞋子，最先穿好鞋子者获胜。取第一、二名，其余为鼓励奖	奖品若干
穿裤子	幼儿 4 人一组，事先脱好鞋子在桌前准备，听到指令后开始拿起指定的裤子自己穿，准确无误地提好裤子者获胜；比赛完毕后，由父母帮助孩子脱下裤子并放回桌旁的篮子里，其他参赛者在线外有序地排队准备	比赛用的裤子，奖品
穿袜子	幼儿 4 人一组，听到指令后开始穿袜子，最先把袜子穿对的幼儿获胜，最后颁发一、二、三等奖	幼儿自己的袜子，奖品
穿套头衫	幼儿 4 人一组，听到指令后开始穿老师提供的套头衫，最先把衣服穿整齐的幼儿获胜，最后颁发一、二、三等奖	套头衫若干件，奖品

附 3：中班幼儿生活技能竞赛项目安排表

活动项目	活动规则	材料准备
我会穿衣扣扣子	幼儿 3 人一组，游戏开始后，迅速将衣服套在椅子背后，并将扣子扣好，最快完成的为胜者	椅子，衣服

续表

活动项目	活动规则	材料准备
我来帮你塞毛巾	幼儿 2 人一组，两组同时进行比赛。游戏开始后，每组的 2 名幼儿互相为对方塞毛巾，先塞好毛巾的一组获胜	毛巾若干
我会叠被子	幼儿 3 人一组，听到指令后，开始叠棉被，最快叠好棉被的为胜者	棉被 3 床
我请妈妈吃橘子	把两张桌子摆在起点处，在每张桌子上放一个篮子，里面装满橘子。2 ～ 3 名幼儿为一组，游戏开始后，幼儿自行拿一个橘子剥皮，剥好后迅速跑到对面终点处将橘子交给家长，家长吃掉，最先吃完的为胜者	口哨 1 个，橘子若干
我会叠衣服	幼儿 3 人一组，游戏开始后，将自己面前篮子里的衣服一件件地折叠整齐并摆放到篮子内，最先完成的为胜者	不同款式的衣服若干
我来收盘子	幼儿 3 人一组，游戏开始后，将散放在桌子上的盘子快速摞好，最先完成的为胜者	盘子若干，桌子 3 张
我会用筷子	幼儿 3 人一组，游戏开始后，用筷子夹纸球，游戏结束后，以纸球数量多少决定胜负	纸球若干，筷子 3 双
我请爸爸妈妈喝杯茶	幼儿 2 人一组，游戏开始后，手持纸杯到饮水机处接一杯水，然后将水端到爸爸妈妈处。请爸爸妈妈喝下，先喝完的为胜者	饮水机 2 台，纸杯若干

附 4：大班幼儿生活技能竞赛项目安排表

活动项目	活动规则	材料准备
我会叠衣服	幼儿 4 人一组，面前有桌子，桌子上面准备了 4 件上衣、4 条裤子，裁判口令一下，幼儿开始动手叠衣服，谁先最快、最整齐地叠好衣服，谁就获胜	秒表 1 个，上衣及裤子各 4 套
夹花生	幼儿 5 人一组，站在桌子前，每人面前有 2 个碟子、1 双筷子，在裁判规定的时间内，夹花生到另一个碟子里，谁夹得多，谁就获胜	秒表 1 个，碟子 10 个，花生若干，筷子 5 双
帮伙伴垫毛巾	幼儿 2 人一组，每次比赛 4 组幼儿同时进行。裁判发出口令后，2 名幼儿相互帮对方垫毛巾，要求毛巾平铺后背，拉出的位置合适，且速度最快的一组获胜	毛巾 8 条

续表

活动项目	活动规则	材料准备
我会绑鞋带	幼儿5人一组，每个人面前都有1双带鞋带的鞋子。裁判发出口令后，幼儿开始穿鞋并绑上鞋带。40秒后，裁判吹响口哨，规定时间内绑好者获胜	秒表1个，椅子5把，有鞋带的鞋子5双
我会整理书包	幼儿5人一组，每个孩子面前有一张桌子，桌子上有1个筐和1个书包，筐内有书、衣服、小玩具、杯子、毛巾、铅笔盒等。然后，请小朋友找和上学有关的物品放入书包并摆放整齐，摆完由裁判来判定谁的整理合理，谁就获胜	筐5个，书包5个，书、衣服、杯子、毛巾、小玩具、铅笔盒各5个以上
我给妈妈喂鹌鹑蛋	幼儿5人一组，每个人面前有2个碟子，一个用来装蛋壳，一个用来装鹌鹑蛋，1分钟内孩子要剥鹌鹑蛋喂妈妈吃，谁喂得多，谁获胜，要求必须喂到妈妈的嘴里	碟子、熟的鹌鹑蛋若干，秒表1个

附5：幼儿生活技能竞赛指引单

班级：__________ 姓名：__________

活动项目	地点	赛后记录

（三）“做个爱劳动的人”

1. 请幼儿代表慰问警察叔叔

向警察叔叔致敬，送上毛巾和矿泉水，表示慰问。

2. 开展“爸爸妈妈真辛苦”调查活动

让幼儿调查自己的爸爸妈妈每天的工作以及回家后所做的事情，利用晨间谈话进行交流，谈谈感受，让大家体会父母的辛苦，激发幼儿为父母分担家务劳动的热情。

3. 班级开展“值日之星”活动

各班利用晨间谈话时间，向幼儿讲解几种劳动技能——擦桌子、扫地、叠被子、分餐点、分饭菜。各班每天选出小值日生，帮助老师、阿姨做好班级各项日常工作，每周评选出本周的“值日之星”。

4. 制订家务劳动计划

通过调查了解父母的艰辛之后，引导幼儿想一想自己应该如何做，并与家长共同商量、制订家务劳动计划。鼓励幼儿根据自己制订的家务劳动计划，开展“家务劳动小能手”的家务劳动实践活动。幼儿每天在家做一些家务劳动，家长把孩子当天所做的家务记录下来，周末让家长对孩子在家的劳动进行评价，每周一各班评选出“家务劳动之星”，以此实现家园共育。

5. 参加公益劳动

带领幼儿参加幼儿园公益劳动（捡石子、捡树叶、扫地等），并观察劳动后场地的整洁程度，让幼儿进一步体验劳动的辛苦和快乐。

方案 17　“粽子飘香”端午节

【使用导引】

端午节是我们中华民族的传统节日，两千多年来，端午节一直是一个防疫祛病、避瘟驱毒、祈求健康的民俗节日。本次活动以端午节为切入点，通过谈论端午节、做香包、包粽子、制作龙舟、赛龙舟等系列活动，既能锻炼和发展幼儿的动手能力，又能增进幼儿对中国传统文化的了解和兴趣，更能帮助幼儿获得更多的关于节日的经验，帮助他们感受端午节丰富的文化内涵，激发他们初步的爱国主义情感。在“尊重幼儿的学习方式”的理念指引下，我们设计了端午节的主题教育活动。

【活动目标】

（1）让幼儿知道端午节是中华民族的传统节日，有兴趣了解端午节的一些风俗和来历，乐于参与一些节日准备和庆祝活动。

（2）激发幼儿对中国传统文化的兴趣，使他们产生初步的民族自豪感。

（3）鼓励幼儿积极参与、大胆尝试围绕“端午节”开展的系列活动，感受传统节日带来的快乐。

【活动准备】

（1）发放通知，统一节日教育目标，让家长明确本次活动需要和幼儿园配合的工作。

（2）请家长和孩子一起收集有关端午节风俗的图片、资料。

（3）购买艾草、菖蒲、粽子、香袋、咸鸭蛋等过节物品。

【活动地点】

幼儿园、户外。

【活动时间】

一个月。

【活动形式】

小、中班以班级为单位开展，大班以年级组为单位开展。

【人员安排】

（1）策划、负责：各年级组长、家委会成员，主要负责撰写方案，召开工作布置会议和家委会工作会议，发放全园家长通知书，跟进与协调工作过程。

（2）执行：班级教师及家长，主要负责执行活动方案，并根据班级情况适当调整方案，还要做好外出活动的联系工作。

（3）后勤：后勤工作人员，负责物品的购买工作。

【活动流程】

温馨开始—端午节系列活动—温暖回顾。

【活动过程】

（一）温馨开始

1. 设计要点

创设班级过节氛围。

- 科学区：投放艾草和菖蒲，陈列不同造型的香袋，布置一些端午节的图片或者一些芦苇叶、大米。
- 美工区：放置用来制作长命缕和纸粽子的材料，将幼儿画的赛龙舟和粽子布置在墙面上。
- 阅读区：张贴有关端午节的图片，让幼儿认读；投放一些关于端午节的书籍，让幼儿可以在区域活动中边阅读边自由讲述。
- 表演区：提供扎头的布条和纸棒，引导幼儿表演赛龙舟。
- 生活区：摆放粽叶、大米或者江米，鼓励幼儿动手练习包粽子。

2. 活动要求

- 一定要根据活动的开展逐步投放活动区的材料。
- 可以让家长与幼儿收集、提供班级环境材料。

（二）端午节系列活动

1. 端午节的风俗和来历

（1）设计要点

- 端午节到来之际，要求幼儿查阅端午节资料，与家长交流，了解端午节的有关习俗。
- 引导幼儿把自己从家长那里听到的关于端午节的来历和风俗说出来。

（2）活动要求

- 要求家长和孩子一起观看有关端午节庆祝活动的报道，给孩子讲述端午节的由来和风俗。
- 各年龄班幼儿对端午节的了解应体现由浅入深。

附1：端午节的由来

端午节是古老的传统节日，始于中国的春秋战国时期，至今已有2000多年的历史。端午节的由来与传说很多，其中以纪念屈原的传说流传最广。据《史记·屈原贾生列传》记载，屈原是春秋时期楚怀王的大臣。他倡导举贤授能、富国强兵，力主联齐抗秦，遭到贵族子兰等人的强烈反对。屈原被赶出都城，流放到沅、湘流域。公元前278年，秦军攻破楚国京都。屈原眼看楚国被侵略，心如刀割，但是他始终不忍舍弃楚国，于阴历五月五日，在写下了绝笔作《怀沙》之后，抱石投汨罗江身死，以自己的生命谱写了一曲壮丽的爱国主义乐章。传说屈原死后，楚国百姓极为哀痛，纷纷拥到汨罗江边去凭吊屈原。渔夫们划起船只，在江上来回打捞他的尸身。有个渔夫拿出为屈原准备的饭团、鸡蛋等食物，“扑通、扑通”地丢进江里，说是让鱼龙虾蟹吃饱了，就不会去咬屈原的身体了，人们见后纷纷效仿。一位老医师则拿来一坛雄黄酒倒进江里，说是要药晕蛟龙水兽，以免伤害屈原。人们担心饭团为蛟龙所食，就用楝树叶包饭，外缠彩丝，后来逐渐发展成粽子。以后，在每年的五月初五，就有了龙舟竞渡、吃粽子、喝雄黄酒等风俗，以此来纪念爱国诗人屈原。

附2：端午节的习俗

农历五月初五为端午节，又称端阳节。虽然名称不同，但各地人民过节的习俗是相同的。每到这一天，几乎家家户户都悬挂钟馗像，挂艾叶、菖蒲，赛龙舟，吃粽子，饮雄黄酒，佩香囊。

- 悬挂钟馗像：在江淮地区，几乎家家都悬挂钟馗像，用以镇宅驱邪。
- 挂艾叶、菖蒲：在端午节人们将艾叶悬于堂中，以辟邪驱瘴；用菖蒲作剑，插于门楣。
- 赛龙舟：春秋战国时期，楚人因舍不得屈原死去，于是有许多人划船追赶、拯救。他们争先恐后，追至洞庭湖时不见踪迹，是为龙舟竞渡之起源。
- 吃粽子：春秋战国时期，荆楚之人，在五月五日煮糯米饭或蒸粽糕投入江中，以祭祀屈原。
- 饮雄黄酒：此习俗，在长江流域地区的人家很盛行。
- 佩香囊：端午节佩香囊，不但有避邪驱瘟之意，而且有襟头点缀之风。香囊内有朱砂、雄黄、香药，外包以丝布，清香四溢，再以五色丝线制作成各种不同的形状，结成一串，形形色色，玲珑夺目。

2. 做香包

（1）设计要点

将碎布画上自己喜欢的形状，如圆形、三角形、桃形等，剪下相对的两片，然后用线将三边反面缝合，留下一边；翻过来，塞入沾有香料粉的棉花；将最后一边缝合，再加长绳装饰即完成。

（2）活动要求

- 材料：碎布、棉花、香料粉、丝线（或中国结细线）、剪刀、针、缝衣线。
- 本活动适合在大班进行。

3. 包粽子

（1）设计要点

鼓励幼儿向妈妈或家里的其他长辈学习包粽子的方法，请会包粽子的家长来园协助教师指导幼儿，或是带领幼儿去参观市场里专门卖粽子的商店，让幼儿了解并学习怎样包粽子，包括如何卷粽叶、如何压实糯米、如何包裹和捆扎等。

（2）活动要求

- 要求家长带幼儿外出逛超市时，让幼儿观察各种形状的粽子。
- 请家长帮幼儿记录好调查表。
- 要求幼儿不怕困难，积极参与，体验劳动的乐趣。
- 提前准备好糯米、香菇、猪肉、干虾仁、酱油等材料。
- 提前准备好蒸笼、苇叶（或竹叶）、稻草（或棉线）等工具。

4. 制作龙舟、赛龙舟

（1）设计要点

- 制作龙舟：先让幼儿欣赏龙舟大赛的录像和图片，激起幼儿自制龙舟的兴趣；也可以组织幼儿到举办龙舟大赛的地点参观，加深临场的感受。
- 组织幼儿进行“龙舟大赛”：船头的幼儿头戴龙的头饰，其余儿童排成一队坐在龙舟里，按锣鼓节拍做划船动作；也可两舟之间展开竞赛，哪队动作整齐哪队为胜。

（2）活动要求

- 制作龙舟、赛龙舟活动都应该建立在幼儿的生活基础上，以游戏再现的方式进行。如果当地没有相应的资源，或者幼儿不感兴趣，活动可以取消。
- 制作龙舟的活动适合中、大班幼儿，赛龙舟游戏则适合大班幼儿。

（三）温暖回顾

1. 设计要点

请幼儿说一说自己过端午节的感受以及印象最深的事情，帮助幼儿梳理过端午节的经验，加深幼儿对端午节的印象。

2. 活动要求

可以是教师和幼儿讨论回顾，也可以是家长与幼儿讨论回顾，要在轻松愉快的氛围中进行。

方案18　快快乐乐过“六一”

【使用导引】

一年一度的“六一”国际儿童节，是孩子们最盼望的节日，也是幼儿园最隆重的节日。“把活动的主动权交给幼儿，让幼儿真正成为活动的主人”，是该活动方案制定的指导思想。本活动以“我参与，我快乐”为宗旨，使幼儿在节日活动中体验与人交往、合作的快乐，增强自信心和成功感，从而度过一个自主、开心、有意义的节日；通过家长和幼儿一起参与“装扮环境，携手搭建，共同制作”等活动，让家长了解幼儿园素质教育的理念，转变家长的育儿观念，使孩子们可以健康、快乐地成长。

【活动目标】

（1）全体师生和家长积极营造欢度“六一”的节日氛围。通过开展庆祝

“六一”系列活动，让孩子知道每年的6月1日是全世界小朋友的节日；通过学习如何表达关心和鼓励，让幼儿在积极的参与中体验合作与交往的快乐。

（2）通过向家长、社会展示幼儿园的庆“六一”活动，进一步塑造本园的良好形象，同时使家长在参与幼儿的节日庆祝活动中，进一步领悟幼儿教育的科学观念。

【活动准备】

（1）环境准备：对幼儿园进行卫生大扫除；张贴条幅等宣传标语；布置富有欢庆气氛的环境（班级环境及全园周围环境），如喷绘、气球、彩带等。

（2）活动准备：以班级为单位做好参加活动的准备，比如，排练童话剧或故事剧，抓好幼儿生活技能的教育和学习，培养幼儿和不同年龄班级的小朋友交往与合作的能力，每班设计一个结对游戏。

（3）材料准备：音响设备、幼儿礼品，以及手工纸、彩笔、剪刀、各种宣传材料等。

（4）家长准备：鼓励幼儿积极参加活动，遵守活动规则，穿适合参与活动的服装及鞋子，活动当天家长凭接送卡入场。

【活动地点】

幼儿园。

【活动时间】

5月26日—6月6日。

【活动形式】

全园参与，小、中班以班级，大班以年级组为单位组织。

【人员安排】

（1）总负责：园长，活动总负责人，负责总方案以及各项目组策划方案的审核。

（2）总执行：副园长，负责总方案的拟定和分方案的协调、督促与检查工作。

（3）环境创设组：由专职美术教师与每个年级组一名教师代表组成，负责制定节日环境布置方案并指导落实。

（4）后勤宣传组：后勤园长，负责邀请函、海报、新闻稿、微博、橱窗、评奖、颁奖、摄影、整理幻灯片等事宜。

（5）活动组织组：班级教师，做好当天活动开展以及活动前期策划、排练等工作。

（6）家长义工组：家委会成员及家长代表，负责当天班级活动现场秩序维护、协助班级教师开展活动等工作。

（7）活动接待组：购置礼品，热情接待家长与幼儿；活动结束后发放礼品，欢送家长。

【活动流程】

活动准备—年级组系列活动—活动延伸。

【活动过程】

（一）活动准备

1. 设计要点

- 各班教师以书面的形式提前向家长派发邀请函，约定日期，和幼儿一起装扮节日环境。
- 鼓励幼儿根据已有的经验，通过不同的方式表达自己对节日的期盼心情。
- 鼓励幼儿在家长的帮助下制作礼物送给自己的朋友，并说一句祝福的话。

2. 活动要求

- 小班：幼儿能够自主选择材料，在家长和老师的帮助下装扮环境，用自己的绘画和手工作品布置教室，并与同伴交流。
- 中班：幼儿能够大胆地说出庆祝节日的想法和愿望，能够利用各种材料与同伴合作制作拉花、彩球、小挂件等并装饰环境。
- 大班：与教师、小伙伴、家长共同协商和确定环境布置方案。然后，一起实施方案，装扮环境，渲染节日气氛。开展“大手拉小手”活动，帮助低年龄的班级装饰环境。

附：邀请函

家园同乐庆“六一”

亲爱的家长朋友：

在色彩斑斓、激情澎湃的6月，我们迎来了又一个“六一”国际儿童节。为感谢你们——孩子成长的终生守护神、我亲密的教育伙伴——对孩子们爱心的倾注和对幼儿园保教工作的鼎力支持，幼儿园全体教工和小朋友精心策划了庆“六一”国际儿童节系列活动，诚挚地邀请您前来参加，与我们共同分享节日的快乐。活动内容如下。

1. 把爱传出去——庆“六一”特别活动

时间：5月26日—6月6日下午3点

地点：幼儿园一楼音乐厅

2. 小班：快快乐乐过“六一”食品共享活动

时间：5月27日上午9:00

地点：幼儿园三楼活动室

3. 中班：家园同乐庆“六一”联欢会

时间：5月28日上午9:00

地点：幼儿园一楼音乐厅

4. 大班：在幼儿园的最后一个“六一”——我带爸妈环游世界

时间：5月29日上午9:00

地点：幼儿园一楼音乐厅

5. 全体幼儿：庆“六一”环保时装设计和制作比赛

时间：5月26日—6月6日

地点：幼儿园一楼门厅

6. 全体幼儿：庆“六一”时装秀

时间：5月26日—6月6日

地点：幼儿园一楼门厅

×××幼儿园

5月20日

（二）年级组系列活动

1. 把爱传出去——庆“六一”特别活动

（1）设计要点

教师发放通知给家长，并提早将活动材料（“爱心卡”）发给幼儿，请家长在家协助孩子一起准备“爱心话语”并完成“爱心卡”的制作。活动当天，以年级组为单位在音乐厅集合，开展把爱传出去庆“六一”特别活动。同年级的幼儿共同表演手语歌曲《把爱传出去》，师生共同制作大“爱心卡”。

（2）活动要求

- 提早学唱手语歌《把爱传出去》。
- 布置音乐厅的场景。
- 后勤协助播放音乐、照相、摄影。

2. 小班：快快乐乐过“六一”食品共享活动

（1）设计要点

在看看、做做、吃吃、玩玩中，培养幼儿的动手能力、相互谦让的品质以及良好的卫生习惯。通过小朋友与父母共同制作食品，感受共度“六一”的快乐，增进孩子与父母、长辈之间的感情。

- 提问：小朋友，你们知道6月1日是什么节吗？6月1日是儿童节，是你们的节日。你们看，老师准备了很多好吃的（介绍食品制作内容），你们想吃吗？不过，它们还没做好呢。所以，我想请小朋友和你的爸爸、妈妈、爷爷、奶奶一起做好吃的。等全部做完了，我们再一起来分享，好吗？
- 请家长鼓励幼儿任选三项制作的内容，与孩子一起动手制作，如水果色拉、彩色的三明治、美味的果汁、包馄饨、包饺子、水果拼盘、凉拌菜、家长的拿手菜等。

（2）活动要求

- 提早做好家长工作：发“告家长书”，请家长准备一个拿手菜。
- 与个别厨师家长联系，做好厨艺表演的准备。

- 教师准备活动的场地、奖品，以及一些使用的工具等。
- 食物制作的难度要考虑小班幼儿的年龄特点。

（3）活动流程

- 组织家长和幼儿入座。
- 向家长和幼儿简单介绍本次“快快乐乐过‘六一’”的活动流程。
- 邀请厨师家长表演厨艺。
- 开始分组活动：家长和幼儿共同制作各种食品，可循环操作。
- 品尝，评比。
- 颁奖。

附：告家长书

亲爱的家长朋友：

“六一”儿童节快到了，这是孩子们在幼儿园过的第一个儿童节。为了庆祝这个节日，我们将于5月27日上午9:00在三楼活动室举办“快快乐乐过‘六一’”——小班年级组食品共享活动，请您准时参加。

×××幼儿园小班年级组

×月×日

3. 中班：家园同乐庆“六一”联欢会

（1）设计要点

以家庭为单位，每个家庭准备一个节目，鼓励家庭间的合作。活动当天，家长做好服装、化妆等准备，在班级集中表演，营造“家园同乐庆‘六一’”的节日氛围。

（2）活动要求

- 班级教师进行节目统筹，担任排练、主持人等工作。
- 节目重点是营造欢乐的节日气氛，要让每个幼儿都有机会参加。

4. 大班：在幼儿园的最后一个“六一”——我带爸妈环游世界

（1）设计要点

以幼儿的经验为基础，以年级组为单位，围绕“世界各国”这一主题开展设计装扮活动。幼儿做导游，带着爸爸妈妈学语言、识风俗、品美食、比装扮、秀舞蹈，在快乐中体验异国风情，满足自己做导游的愿望。要鼓励幼儿做一个称职的导游，做最快乐的旅行者！通过扮演、体会，让幼儿走出“国门”了解世界文化，了解并感受各个国家丰富多彩、独具创意的民俗风情。

（2）活动要求

- 通过亲子体验馆、儿童作品展览等多种形式，展现多姿多彩的幼儿园生活，让幼儿度过愉快且有纪念意义的“六一”国际儿童节。
- 全体教职工统一服装、戴工牌，幼儿穿节日服装。
- 做好活动主持、拍摄、照相、宣传等工作。

附：活动具体安排

时间	活动内容
8 : 00—9 : 00	布置体验馆
9 : 00—9 : 20	幼儿园接待人员到岗，迎接家长和孩子，让他们自由参观各馆
9 : 20—9 : 30	到大操场舞台前集合
9 : 30—11 : 00	体验馆开幕式，幼儿与家长自选体验馆
11 : 00—11 : 30	体验馆闭馆，欢送家长

（三）活动延伸

1. 庆“六一”环保时装设计和制作比赛

（1）设计要点

- 通过举办环保时装设计和制作比赛，培养幼儿的动手制作能力及创新意识、环保意识。
- 比赛形式：以班为单位进行比赛，由主班教师和生活教师组织并指导幼儿的制作活动，然后参与年级组的评选活动，配班教师（中、大班可派幼儿代表跟随配班教师）到抽签的其他班跟班检查、评比。
- 评奖：根据幼儿的环保时装作品所表现出的创造性和制作水平、质量等评出最佳作品50件，给予奖励。

（2）活动要求

- 要求全体幼儿参加，在1小时内完成作品。
- 在制作的过程中，要保持周围环境的整洁。
- 制作结束后进行专题展示。
- 评奖环节鼓励幼儿积极参加。

2. 庆“六一”时装秀

（1）设计要点

以家庭为单位，幼儿在家长的帮助下，对“环保时装设计和制作比赛”的作品进行二次加工，并参加庆“六一”时装秀活动。时装秀以年级组为单位进行，年级组之间可以互相观摩、评比。

（2）活动要求

- 要求全体幼儿参加。
- 家长要熟悉本次活动的要求。

（3）活动流程

- 幼儿与家长化妆，进行走秀表演。
- 穿插2个亲子游戏：用吸管运皮筋和抱抱团。
- 与家长一起跳《幸福拍手歌》的舞蹈。

方案19 又到“九九”重阳节

【使用导引】

重阳节，又名敬老节，是中国的一个传统节日。通常在重阳节这一天，很多幼儿园会组织幼儿到附近的敬老院开展慰问老人的活动，结果导致敬老院的老人因为过度接待而影响了正常的休息。这让我们不得不反思：集中在一天去敬老院探望老人，难道是唯一的尊敬老人的方式吗？只在这一天开展这样一次活动，就可以实现引导幼儿尊敬老人的目标吗？还有一种现象，幼儿在成人的带领下，非常积极地参与慰问老人的活动，但并不知道这个节日的由来，回到家里，更不会关心、尊重自己的爷爷奶奶，这样的教育活动仅仅是流于形式。基于上述问题，如何借助“重阳节”这样一个节日教育契机，从生活中出发，整合幼儿的生活经验对幼儿开展关心老人、尊敬老人的教育，是本次活动方案设计的初衷。

【活动目标】

（1）引导幼儿了解每年农历的九月九日是中国的传统节日——重阳节，了解重阳节的来历、风俗以及古今重阳的不同含义。

（2）通过活动，进一步了解自己的爷爷奶奶，关心他们的生活，能用自己喜欢的方式表达对爷爷奶奶的热爱之情。

（3）鼓励幼儿关爱身边年长的人，培养幼儿尊敬老人的情感。

【活动准备】

（1）材料准备：茱萸，重阳糕；人们在敬老院为老人做事的录像片段；白纸，记号笔，油画棒，半成品材料，橡皮泥。

（2）人员邀请：与部分幼儿的爷爷奶奶联系，准备好有关的资料，请所有幼儿的爷爷奶奶来参加本次活动。

【活动地点】

幼儿园。

【活动时间】

一个月。

【活动形式】

大班以年级组为单位开展。

【人员安排】

（1）策划、负责：各年级组长、家委会成员，负责讨论撰写方案及执行方案。

（2）执行：班主任，负责召开家委会工作会议，发放全园家长通知书，跟进与协调工作过程。

（3）联络：家委会人员，负责联系敬老院参观及社区参观事宜。

【活动流程】

了解重阳节的来历—了解老人的生活—开展“孝敬老人的好孩子”活动—活动延伸。

【活动过程】

（一）了解重阳节的来历

1. 充分利用家长资源，把老人请进班级

教师介绍重阳节的来历，讲重阳节的传说、故事；请幼儿的爷爷奶奶或外公外婆来到班级，引导幼儿对老人表达感谢与尊重，让幼儿、老人一起感受温馨的氛围。

2. 了解重阳节的风俗

- 了解以前人们的庆祝方式，如吃重阳糕、登高望远、插茱萸辟邪等。
- 了解现在人们的庆祝方式。组织幼儿看录像，说说他们在干什么。介绍现在人们把重阳节这天定为老人节，进行尊老活动。
- 认识茱萸及重阳糕。出示茱萸，让幼儿观察这是一种绿色的草本植物，叶子狭长，茎直直的。告诉幼儿，古代人们在重阳节这天用它来辟邪。出示重阳糕，请幼儿观察它的外形，如一层又一层，上面还有红绿丝和一些核桃仁、花生仁等点缀。
- 品尝重阳糕。请幼儿品尝重阳糕，说说它是什么味道的，想想它是用什么做成的。

（二）了解老人的生活

- 请幼儿说说家中的爷爷、奶奶、外公、外婆平时做什么事情，喜欢做什么，以及老人最怕什么。
- 组织幼儿讨论邻居老人的生活、敬老院老人的生活等。

（三）开展“孝敬老人的好孩子”活动

- 比一比谁最关心老人和谁在家最听老人的话，建议幼儿为老人做一件事。

- 探望敬老院的老人。组织幼儿在节日前后错开高峰时间到附近的敬老院慰问老人，为老人唱歌、跳舞、讲故事。
- 请退休教师来幼儿园和幼儿联欢。请退休教师来园为幼儿讲故事，出谜语，和幼儿一起游戏。然后，幼儿为退休教师献花，祝老教师节日快乐。
- 组织幼儿观看情景表演并讨论。情景表演内容：一位老爷爷拿着很重的东西走过来；一位老奶奶坐汽车时没有座位，站立不稳，而在老奶奶的身边，刚好一个小朋友和他的妈妈一人一个座位。看完情景表演后，组织幼儿积极讨论应该怎么办，也可鼓励幼儿参与表演。
- 为老人制作礼物。为幼儿提供材料，让幼儿用自己喜欢的方式制作一份礼物送给爷爷奶奶或外公外婆。礼物制作完毕，请幼儿介绍自己的作品，然后把作品当场送给自己的爷爷奶奶或外公外婆，并送上祝福的话语。

（四）活动延伸

鼓励幼儿回家后继续为爷爷奶奶或外公外婆做力所能及的事，如端凳子、拿东西、捶背、表演节目等。

方案 20　国庆民族大团结体验活动

【使用导引】

无论哪个国家，国庆都是非常盛大、隆重的一个节日。但是国庆这个话题似乎离幼儿又很远，幼儿很难真正理解国庆节的含义。所以，很多幼儿园很少把这样一个抽象的节日作为幼儿园的大型活动来开展。本活动打破传统的庆祝方式，从“民族大团结”这样一个具体的、适合幼儿参与的方向入手，大胆创新，为幼儿准备了民族服装，提供了民族特色小吃，让幼儿通过服饰装扮、学唱民族歌曲、跳民族舞、品尝不同民族小吃等形式体验不同民族的文化，激发他们热爱祖国的情感。通过这样的活动，幼儿在知识、能力、情感和态度上都有所收获。在知识层面上，他们对不同民族的音乐风格、服饰特点、食物特色都进行了学习和探索，进而增进了对祖国不同民族文化的了解。在能力层面上，幼儿学习相互合作完成演出，能大胆、自信地展示自己。在情感层面上，他们通过每一次的大型活动，能享受集体活动的乐趣，也更喜爱自己的幼儿园，增加了对幼儿园文化的认同。

【活动目标】

（1）通过组织幼儿开展走进社区、查阅资料、收集信息等活动，让幼儿知道10月1日是国庆节，是中华人民共和国成立的日子，是举国欢庆的日子。

（2）通过品尝各民族的特色小吃，亲身体验民族服饰、民族歌曲、民族舞蹈等，提高幼儿对中华民族多元文化的认识，增进幼儿对少数民族的了解。

（3）全园幼儿、教职工和特邀家长共同庆祝国庆节，加深幼儿对中华民族的了解，激发他们的爱国情怀。

【活动准备】

（1）幼儿与家长准备各自的民族服饰，同时各班级准备一个民族特色节目。

（2）家长和幼儿一起，准备各式点心。

（3）各班学唱歌曲《歌唱祖国》，提早报节目名称及配乐到负责老师处。

（4）提前做好活动现场的主持、音响、音乐等准备工作。

（5）购置小国旗、国旗印章等材料。

【活动地点】

幼儿园、家庭与社区。

【活动时间】

9月20日—9月30日。

“民族大团结”体验活动时间安排如下。

9月28日：大班。

9月29日：中班。

9月30日：小班。

【活动形式】

全园参与，以年级组为单位开展。

【人员安排】

（1）策划、负责：园行政班子和家委会成员，主要职责是策划、讨论并撰写方案。

（2）总执行：各年级组长，主要负责活动的组织与执行。

【活动流程】

走进国庆—“民族大团结”体验活动—国庆延伸活动。

【活动过程】

（一）走进国庆

1. 大班幼儿——走进社区

（1）设计要点

- 家长带领幼儿走进社区，采访成人，寻找答案。向幼儿提问：“为什么会有国庆节？国旗上为什么会有5颗星？”组织幼儿通过采访社区的成人，了解国庆节的来历，知道中国有56个民族，了解比较熟悉的民族并说出名称；知道祖国地大物博，是个多民族的国家，取得了伟大的建设成就；知道五星红旗是中国的国旗，代表我们的国家，萌发热爱祖国、尊重国旗的情感；知道在升旗时立正、行注目礼等。
- 国庆知识问答赛：通过玩智力竞赛游戏的形式，帮助幼儿更多地了解有关祖国的知识，增强做中国人的自豪感，体验竞争的氛围，提高竞争意识。
- 走进民俗村，了解更多的民族习俗。

（2）活动要求

- 家长要对幼儿提出明确的任务，与幼儿讨论采访中需要提出的主要问题。
- 帮助幼儿归纳了解到的情况。
- 鼓励幼儿大胆与人交流。

2. 中班幼儿——征集“对祖国妈妈”的祝福语

（1）设计要点

家长带领幼儿到社区征集“对祖国妈妈”的祝福语，通过“跨越围墙”的户外实践课程，帮助幼儿感受周围的人们对祖国的热爱之情，让幼儿在情感中懂得“祖国妈妈”的真正意义。

（2）活动要求

对于收集到的祝福语，家长与幼儿一起讨论并进行筛选。

3. 小班幼儿——营造快乐的节日气氛

（1）设计要点

临近国庆节的时候，带孩子们去感受节日气氛；让幼儿和老师一起布置活动室，捕捉快乐元素。

（2）活动要求

- 去附近街道看国庆节布置。
- 粘贴国旗。
- 幼儿动手制作灯笼、彩球。

（二）“民族大团结”体验活动

1. 设计要点

- 家长与幼儿通过上网、查阅书籍、查看资料等收集自己所喜爱民族的饮食、服饰、生活习惯等，为后面的展示、体验做充分的准备。
- 节庆前一天，由各班利用环保材料搭建关于本班民族特色的“民族美食街”，家长们准备各式点心。节庆当日，孩子们与家长各自穿上民族服饰进行装扮，同时各班级准备一个民族特色节目。年级组开始跨班巡回交流，通过品尝点心、展示服装、表演节目、促膝交流等方式营造节日氛围，让幼儿了解民族文化，体验民族生活，获得有关经验。

2. 活动要求

- 活动需要的费用由园方和家长共同承担。
- 充分利用家长资源，服装可以采取到外面租借的方式。

- 幼儿园统一发放活动通知，让家长理解活动的真正意义，鼓励家长参与到活动中，与幼儿一起感受活动的快乐与收获。

（三）国庆延伸活动——“民族大联欢”

1. 设计要点

以年级组为单位选送能体现民族文化的节目，组织开展“民族大联欢”活动，把节日的气氛推向高潮，帮助幼儿统整各民族文化的经验，激发幼儿热爱祖国的情感。

2. 活动要求

- 对教职工和幼儿进行安全教育，保证安全。
- 选取贴近幼儿生活、经常能够听到的音乐，激发幼儿爱祖国的情感；在音乐课上排练，保证节目质量。

3. 活动流程

- 听音乐集合。
- 奏国歌，升国旗，行注目礼。
- 园长讲话。
- 齐唱《歌唱祖国》。
- 进行系列节目表演。

附：“民族大联欢”节目单

节目顺序	表演班级	节目名称
1	大四班	大合唱《中国美》
2	中一班	大合唱《在灿烂的阳光下》
3	小班组	《为梦想，时刻准备着》
4	中三班	《我们美丽的祖国》
5	中二班	《蒙古草原》
6	大一班	打击乐《大中国》
7	大二班	合唱《国家》
8	大三班	集体舞《苗岭的早晨》

方案 21　正月十五元宵节

【使用导引】

正月十五元宵节，又称“上元节”“灯节”，是具有悠久历史的传统节日。在正月十五元宵节主题活动中，通过参与调查、参观、学习和表演等不同形式的活动，幼儿不仅能对元宵节的传统文化和民俗习惯有一个基本的了解，更可以通过自身的参与和表现，感受节日气氛，获取多方面的经验。比如，正月十五是元宵节，是团圆的日子；元宵节有许多传说、故事、儿歌；元宵节有吃元宵、看花灯、猜灯谜、划旱船等丰富的风俗习惯；元宵象征着团圆，它有不同的种类和味道；元宵节有各种各样的花灯，给人们带来了喜气和欢乐；自己动手做元宵、做花灯可以感受更多的快乐等。于是，我们设计了正月十五元宵节的主题活动。

【活动目标】

（1）通过活动帮助幼儿了解元宵节的来历及习俗，知道农历正月十五是我国的传统节日——元宵节，尝试通过多种途径获得元宵节的相关经验。

（2）帮助幼儿积极参与“闹元宵”的筹备和庆祝工作，愉快地参与元宵节各种活动，在和老师、同伴一起过节的过程中，感受节日的快乐气氛和团圆的意义。

（3）引导幼儿大胆地创造与想象，尝试用语言、艺术等不同的形式表达自己的认识与感受。

【活动准备】

（1）制作花灯的各类材料，如各种形状的包装盒、蜡光纸、废旧图书、剪刀、油画棒、胶棒、彩线、穗子等；做元宵的各类材料，如面粉、点心盘、围裙、电饭煲、糖、小碗、小勺等。

（2）把“致家长的一封信”提前发给家长。

（3）提前踩点集体观看花灯的地方。

【活动地点】

幼儿园、家庭及相关场所。

【活动时间】

一个月。

【活动形式】

以年级组为单位开展。

【人员安排】

（1）统筹小组：包括园长、副园长、教学主任、后勤主任、各年级组长、家委会成员等，负责活动策划、方案的制定和统筹工作。

（2）环境布置小组：由班主任、后勤主任及家委会成员组成，班主任负责班级环境布置，后勤主任负责布置幼儿园大厅、走廊等大环境，家委会配合参与。

（3）执行小组：班级教师，负责活动方案的具体执行。

（4）采购小组：幼儿园采购人员，负责材料购买及准备工作。

【活动流程】

喜迎元宵节—一起过元宵节—美好的回忆。

【活动过程】

（一）喜迎元宵节

1. 设计要点

通过投放各种与元宵节有关的材料，鼓励幼儿大胆参与节日环境的布置工作，在与老师、家长合作的过程中学习制作花灯、做“元宵”等技巧。

（1）小班班级环境

- 天花板：教师、家长共同布置“美丽的花灯展”，悬挂幼儿购买的花灯。
- 主题墙：张贴幼儿在节日中赏灯、玩灯的照片。
- 美工区：提供小碗、油泥等材料，引导幼儿在游戏中做“元宵”。
- 表演区：提供磁带，引导幼儿在游戏中随音乐玩游戏。
- 家长园地：贴出“致家长的一封信”，介绍主题活动的构想和需要家长配合的事项。

（2）中班班级环境

- 天花板：教师、家长、幼儿共同布置“班级花灯展”，悬挂幼儿与父母共同制作的花灯。
- 主题墙：张贴幼儿参与元宵节活动的各种表格、文字、照片等资料。
- 表演区：提供由幼儿收集和制作的花灯及音乐，引导幼儿表演“花灯秀”“闹花灯”。
- 美工区：提供剪刀及多种半成品材料，引导幼儿尝试制作简单的花灯。
- 家长园地：贴出“致家长的一封信”，介绍主题活动的构想和需要家长配合的事项。

（3）大班班级环境

- 天花板：师幼共同布置“自制花灯展”。
- 主题墙：围绕“我的问题”“我的调查”“我的发现”张贴关于元宵节的来历、传说、习俗等内容的调查表及图片、文字资料。
- 语言区：投放有关元宵节的图书、图片等。
- 美工区：提供制作花灯、旱船的工具和师生共同收集的半成品材料等，引导幼儿动手制作庆祝节日需要的道具。
- 表演区：提供民族音乐磁带、表演材料，引导幼儿开展打腰鼓、扭秧歌、舞龙等有关元宵节的活动。
- 家长园地：贴出“致家长的一封信”，介绍主题活动的构想和需要家长配合的事项。

（4）园内大环境

- 园内大厅、礼堂悬挂由教师、幼儿与家长共同收集和制作的各式花灯，在花灯下悬挂各种灯谜。
- 宣传展板上，张贴各年级组开展元宵节活动的照片。

2. 活动要求

- 全园幼儿齐动手，教师根据幼儿的年龄特点统筹安排不同的环境布置工作，让幼儿在参与环境布置的过程中体验与感受节日的氛围。
- 家长配合收集各种废旧材料，鼓励幼儿参与环境布置。

（二）一起过元宵节

1. 小班年级组

（1）好看的花灯

①设计要点

请家长带领幼儿到花灯展览现场欣赏各种各样的花灯，引导幼儿初步感受其不同的造型、色彩和图案。回到班级，在幼儿有了初步的感受后，教师进一步引导他们欣赏、讲述从家里带来的各种各样的花灯，重点引导幼儿从名称、形状、颜色和图案方面进行欣赏。最后，组织幼儿玩音乐游戏《玩花灯》，体验玩灯的乐趣。

②活动要求

- 请家长在假期中带领幼儿观看花灯展。
- 要求每个幼儿从家里带一个花灯来幼儿园。

（2）甜甜的元宵

①设计要点

- 通过提问“今天是什么节？元宵节有一种特别的食品，是什么？元宵是什么样子的？小朋友们想不想自己做元宵”等问题，激发幼儿做元宵的兴趣。
- 观察制作材料，了解做元宵的方法。教师和家长一起带领幼儿尝试用搓圆、在盘中滚一滚等方法做元宵，享受制作食物的乐趣，鼓励幼儿能用简短的语言讲述元宵的味道以及自己品尝元宵时的心情。

②活动要求

- 提醒幼儿戴好围裙并洗手。
- 提醒幼儿注意不要把面粉团弄碎，不要将面粉撒在盘外。

2. 中班年级组

（1）我知道的元宵节

①设计要点

请家长带幼儿走出家门，感受元宵节的节日气氛，收集元宵节来历和习俗的相关资料并展出幼儿收集的资料，引导幼儿自由结伴看一看、说一说，丰富对元宵节的认识；班级教师利用幼儿进餐前后时间，组织幼儿说一说元宵节的传说和故事。

②活动要求

家长带幼儿走出家门，引导幼儿感受节日气氛并及时收集资料；在感受的过程中，主动与幼儿讨论关于元宵节的经验并帮助幼儿整理经验。

（2）参观花灯展

①设计要点

家委会代表协助开展活动。幼儿进入展厅，教师提出参观要求："这里有许多花灯，大家来看一看，并说说自己的感受和发现。"鼓励幼儿选择自己最喜欢的花灯来欣赏并讲述原因。通过引导幼儿欣赏各种各样的花灯，感受花灯丰富的外形、色彩、图案等特点，让幼儿大胆讲述自己的经验和观察中的发现。

②活动要求

- 家委会代表 5 ～ 6 人。
- 外出参观活动要注意安全。
- 成人要关注对幼儿活动的组织与指导。

（3）自制花灯

①设计要点

家长与幼儿一起参与。首先，带领幼儿欣赏利用废旧材料制作的花灯，激发他们制作花灯的愿望。然后，指导幼儿观察桌上的操作材料，讨论自制花灯的方法和规则。最后，请幼儿自选材料，制作花灯。

②活动要求

- 尝试运用画、剪、贴等多种方法装饰不同形状的包装盒，自制花灯。
- 乐意向别人介绍自制的花灯，体验成功的快乐。
- 知道与同伴合作使用操作材料。

（4）有趣的灯谜

①设计要点

在园内展出各种各样的花灯和灯谜，然后利用散步时间或者家长接送幼儿的时间，带幼儿来到花灯展区，开展猜谜活动，帮助幼儿了解灯谜是由谜面和谜底组成的。当然，也可采用成人念谜面、幼儿猜谜的形式进行。

②活动要求

- 知道元宵节有赏灯猜谜的习俗，初步了解灯谜的结构。
- 积极参加猜谜活动，体验猜想和推测的快乐。

（5）热闹的元宵节

①设计要点

- 引导幼儿回忆布置元宵节环境和举行庆祝活动的过程，丰富绘画经验。教师可以这样提问："过元宵节的时候，幼儿园的环境发生了什么变化？我们进行了哪些活动？你印象最深的活动是什么？在活动中，人们的表情和动作是怎样的？"
- 组织幼儿讨论如何用丰富的色彩表现节日喜庆的气氛并表达自己愉快的心情。教师可以这样提问："在过节的时候，你们的心情是怎样的？应该用怎样的色彩来表现？"
- 绘画创作活动：引导幼儿大胆想象，不断丰富画面。
- 欣赏和交流自己的作品。教师可以这样提问："谁来把自己画的有趣的事情说给大家听一听？"

②活动要求

- 引导幼儿回忆、迁移已有经验，大胆地用绘画形式表现元宵节的各种活动和喜庆场景，尝试运用丰富的色彩表达自己参加活动时的愉快心情。
- 活动前开展过关于元宵节的主题庆祝活动，并准备好图画纸、油画棒等活动材料。

3. 大班年级组

（1）元宵节的传说与习俗

①设计要点

与幼儿谈论关于元宵节的话题，提出关于元宵节的新问题。鼓励幼儿围绕自己感兴趣的问题，通过调查、访问、阅读等多种途径获取相关信息，进一步丰富元宵节的经验。在班上开展“话说元宵节”活动，引导幼儿自由结伴，向同伴介绍自己通过多种途径了解到的关于元宵节的新认识、新经验。

②活动要求

- 幼儿收集各种资料。
- 通过调查、访问、阅读等活动，对元宵节的传说与习俗有进一步的了解。
- 积极参与交流、讨论等活动，乐意与同伴分享自己的经验与感受。

（2）元宵节到了

①设计要点

- 引导幼儿欣赏照片展板，激发他们共同布置节日环境、准备节日活动的愿望。提问：“这些照片是关于什么节日的？在庆祝元宵节的时候，你们的心情是怎样的？今年的元宵节，大家准备开展哪些活动？需要做些什么准备工作？”
- 师幼共同商定“‘闹元宵’准备工作表”（包括准备内容、负责人、完成时间等），自由分组，分配任务。
- 幼儿分头行动，合作完成“闹元宵”的准备任务。

②活动要求

- 幼儿积极参与交流、讨论等活动，共同策划元宵节的庆祝活动方案。
- 对元宵节的庆祝活动充满期待，共同营造节日氛围。
- 幼儿具有分工合作意识，知道通过大家的努力完成任务。
- 幼儿前一年过元宵节的照片展板。

（3）学做花灯

①设计要点

邀请做花灯的艺人来幼儿园，引导幼儿观看艺人现场表演扎兔子灯，了解做兔子灯的工具、材料及制作方法。指导幼儿分组合作，对半成品花灯骨架进行美化、装饰。该活动还可以延伸至区域活动，在区域活动中提供可拼插成花灯的吹塑纸、毛线、剪刀、笔等材料，供幼儿尝试用对插连接的方法自制花灯，并运用各种材料和方法进行装饰。

②活动要求

- 了解民间花灯的制作材料、工具、程序，产生亲手制作的愿望。
- 能大胆地提出自己的问题，并积极寻求解决的办法。
- 在参与装饰花灯的过程中，丰富审美感受与体验。
- 准备半成品花灯骨架、各色纸。

（4）赏灯猜谜

①设计要点

参观花灯展，欣赏花灯的外形、色彩、图案；交流对灯谜的认知和经验，丰富对灯谜由来、种类和结构的认识；积极参与赏灯猜谜活动。教师要请猜谜有困难的幼儿提出自己的问题，师幼共同研究解决的方法。

②活动要求

- 了解灯谜的由来、种类和结构，积极参与赏灯猜谜活动，熟悉灯谜的主要特点，学习猜谜的方法，体验竞猜的快乐。
- 园内展出各种各样的花灯和灯谜。

（5）欢乐元宵节

①设计要点

- 以《喜洋洋》音乐为背景音乐，营造喜气洋洋的欢乐气氛，鼓励幼儿表演节目迎接元宵节的到来。
- 通过组织幼儿讨论，帮助他们了解元宵节时间以及元宵节人们的习俗，丰富幼儿的知识。
- 展示几种不同的元宵，讨论元宵是用什么材料做成的，鼓励幼儿动手做元宵。
- 指导幼儿煮元宵，引导幼儿观察元宵在煮熟前后的变化。比如，煮前元宵沉在锅底，煮熟后浮起来了；元宵煮熟后比煮前大一些，等等。
- 请幼儿品尝自己做的元宵并进行数量的统计，动员做得多的幼儿主动让给做得少的幼儿。

②活动要求

- 教师、幼儿提前收集关于元宵节民间习俗的资料，布置好活动场地；

提前准备好制作元宵需要的材料和工具，如糯米粉、各种馅、水、电磁炉、锅等。

- 教师要激发幼儿参与制作元宵的兴趣，鼓励幼儿积极体验大家一起庆祝节日、分享劳动成果的快乐。

4. 全园活动——欢欢喜喜闹元宵

（1）设计要点

- 锣鼓队、腰鼓队进场，主持人宣布活动开始。
- 在《金蛇狂舞》的伴奏下，师幼进行舞龙、划旱船、踩高跷、扭秧歌表演。
- 知识竞答活动。
- 宣布制作花灯的评比结果，为获奖幼儿颁奖。
- 文艺表演与游戏、猜谜活动穿插进行。
- 亲子元宵美食制作活动。

（2）活动要求

- 积极参与主题会的准备和庆祝活动，大胆表达自己的情感与体验。
- 展出能反映幼儿不断丰富元宵节经验的资料和照片。
- 张贴海报，邀请家长来园参加活动；提早排练好舞龙、踩高跷、划旱船等节目；准备好自制、品尝元宵的各种材料和工具。

附：资料链接

元宵节是每年的农历正月十五，又被称为“灯节”“上元节”。上元，含有“新的一年第一次月圆之夜”的意思。每逢上元，民间有张灯观赏的风俗。元宵之夜，小孩子们纷纷提着灯笼，四处游走玩耍。此外，元宵佳节，不少地方都要举办彩灯展、花灯会。元宵的灯，有挂花灯、滚龙灯、迎轿灯、走马灯、放水灯，还有北京的宫灯、天津的宝莲灯、上海的金龙戏珠灯、东北的冰灯，它们都具有明显的地方特色和独特的艺术风格。过去灯内点蜡烛，现在用电，使灯更加奇幻多姿、五彩缤纷。元宵节还有许多传统风俗和节目，如闹社火、耍龙灯、舞狮子、划旱船、踩高跷、扭秧歌、猜灯谜、吃元宵等。

元宵大多是用糯米面包糖馅做成的，它象征着全家团圆和睦、生活幸福甜美。

（三）美好的回忆

1. 设计要点

教师通过组织幼儿谈话、参观等活动帮助幼儿回忆元宵节经历的事情，提升幼儿的已有经验，激发幼儿对元宵佳节的热爱之情。

2. 活动要求

不同年龄段的幼儿考虑不同的回顾方式。

六、亲子类

方案 22 “家园同乐庆‘六一’”亲子美术作品大赛

【使用导引】

每个幼儿心里都有一颗美的种子。幼儿艺术领域学习的关键在于充分创造条件和机会，在大自然和社会文化生活中帮助幼儿萌发对美的感受，同时，幼儿的成长也离不开家长的陪伴。因此，幼儿园借助“六一”国际儿童节，让幼儿与家长一起参与亲子美术作品大赛，在此过程中，让他们丰富感受与体验，学会合作与展示。

【活动目标】

（1）让幼儿与家长用自己的智慧和双手参与“六一”庆祝活动，真正成为活动的主人，提升幼儿评价他人美术作品的能力。

（2）为家长和幼儿提供一个亲子合作、展示自我以及互动交流的平台，体验并分享“六一”国际儿童节带来的快乐。

【活动准备】

（1）制作投票箱，购买奖品及奖状。

（2）布置展厅及投票地点。

（3）获奖家庭分享制作美术作品的经验与快乐。

【活动地点】

幼儿园。

【活动时间】

5月15日—6月1日。

【活动形式】

全园。

【人员安排】

成立“家园同乐庆‘六一’”亲子美术作品大赛组委会。

（1）组长：园长，总策划、总负责。

（2）副组长：副园长、家委会会长，负责方案的落实与执行。

（3）宣传组：美术教师和幼儿园办公室主任，负责活动宣传。

（4）作品收集组：年级组，负责作品的收集和展览。

（5）评选组：家委会、教师代表，负责唱票与等级评定工作。

（6）后勤组：后勤人员，负责材料与奖品的购买。

【活动流程】

活动宣传与作品征集—作品展览及评分—公布获奖情况。

【活动过程】

（一）活动宣传与作品征集（5月15日—5月20日）

1. 设计要点

请家长和幼儿积极参与，用双手装扮“六一”节日的天空，体味人间亲情，感受生活的美好。

2. 活动要求

- 全体幼儿及家长参与。
- 截止时间：5月20日。家长在作品征集时间内，将亲子美术作品交到班级老师处。

- 家长与幼儿在家共同完成至少一幅绘画作品和一件手工作品。
- 内容、材料及作画形式不限，自由创意。
- 绘画作品规格：A3 纸大小。
- 家长与幼儿合作完成美术作品，严禁家长代替幼儿作画和制作。

（二）作品展览及评分（5 月 21 日—5 月 28 日）

1. 设计要点

分年级组进行作品展览，每一个作品标明主题名称、班级和作者姓名。活动重在让家长带领幼儿参与欣赏、评价的过程；幼儿园发选票给家长，由全体家庭携幼儿按要求投票，并简单描述投票的理由，最终评选出获奖作品。

2. 活动要求

- 投票时间：5 月 26 日、27 日、28 日三天。
- 投票地点：幼儿园一楼门厅。
- 奖项设置及评奖方法：按小、中、大班三个年级分别设立一、二、三等奖，其余为优秀奖。

（三）公布获奖情况（5 月 29 日—6 月 1 日）

1. 设计要点

以年级组为单位，为获奖家庭颁奖，组织获奖家庭分享作品的构思与收获。在幼儿园门口及网站公布评选结果，并通过海报、照片的方式宣传评选结果。

2. 活动要求

- 评选结果公示要匹配相应的作品及作品获奖的理由。
- 获奖家庭分享作品的构思与收获，鼓励大班幼儿积极参与。

方案 23　亲子快乐行——我们去春游

【使用导引】

亲子春游活动，一般由成人（家长或者教师）组织，本次活动则让幼儿来收集各种资料，并且根据自己的经验和老师及同伴一起讨论、制订春游的各项具体计划，准备春游的各种物品，看导游图比画春游的路线。春游后的总结活动，也由小朋友自己来策划，让他们体验一个完整的、能够自己做主的春游活动。同时，本次活动还是一个以促进孩子的身心健康发展为目的，并密切亲子关系的“快乐之旅”。

【活动目标】

（1）在筹备春游、参与春游以及回忆春游的过程中提升幼儿的学习经验。

（2）增进幼儿与父母的亲子感情，密切家园关系，提升家长的育儿水平。

（3）增强幼儿的集体意识，培养其活动的目的性、计划性，拓宽他们的视野，培养他们独立解决问题的能力，帮助他们学会等待、与人分享、互谦互让等。

【活动准备】

（1）活动前做好场地考察、车辆联系以及保险购买等工作。

（2）准备春游需要的道具、游戏材料及各类奖品。

（3）准备春游应急药品，如红花油、创可贴等。

（4）做好家长义工培训工作。

【活动地点】

户外公园或生态园。

【活动时间】

春季。

【活动形式】

以班级为单位开展，有教师组织、家长会组织和家长自发组织三种方式。

【人员安排】

（1）班主任：负责整个活动的方案制定、安全及组织工作。

（2）配班教师：协助班主任做好活动的组织工作。

（3）保育员：负责班级幼儿活动中的保育工作。

（4）家委会：参与整个活动的策划、组织。

（5）家长：按照要求配合班级做好相关工作，做好义工服务工作。

【活动流程】

活动准备—出发—抵达目的地—亲子系列活动—活动小结—返回。

【活动过程】

（一）活动准备

1. 设计要点

组织系列谈话活动，确定春游地点，做好物品和安全准备工作。

- 确定春游地点。组织家长和幼儿开展一系列讨论：你想去哪里春游—说说你的理由—家庭交流“我们去哪里春游”—小组交流“我们去哪里春游”。最后，确定去公园春游。
- 去公园需要准备些什么。引导幼儿懂得要准备一个书包，里面放些好吃的，走累了休息的时候可以吃；要带一些水，出汗多了，要补充水分；还要带一条毛巾，可以擦汗；可以戴太阳镜，保护眼睛不会被太阳晒得睁不开；要戴太阳帽，防止被晒伤；还要准备创可贴、消毒水、防蚊水、水壶、文具等。
- 春游中的安全。安全是活动能够顺利进行的保障，这次谈话要引导幼儿结合以往的安全经验，提出春游时的注意事项，初步树立自我保护意识。比如，外出时眼睛一定要关注老师，千万不要走丢了；万一迷路了要记住老师的电话，或者请工作人员帮助；排队时不能推、不能挤；观察小动物时要离小动物远一点，不要惹小动物，也不要边看小动物边走路，等等。

2. 活动要求

- 教师要结合幼儿的经验开展谈话活动并给予经验的提升。
- 谈话的内容要考虑不同年龄班幼儿的特点。

（二）出发

1. 设计要点

家长、幼儿统一到幼儿园集合，一起乘坐幼儿园准备的大巴去目的地。这种方式不仅低碳环保，而且可以让孩子有更多的交流机会。

2. 活动要求

- 租用正规公司的合法大巴。
- 要关注司机的年龄、驾龄以及司机的个性、车况等。
- 购买校方责任险。
- 出发前对孩子及其家长进行安全教育。

（三）抵达目的地

清点人数，结合前面的讨论，向家长与幼儿提出本次活动的要求。

（四）亲子系列活动

1. 参观活动

结合场地资源开展参观活动，熟悉场地，领略大自然的风光。

2. 草地亲子游戏

- 成语接龙：以树开头的四字成语接龙，以家庭为单位进行抢答。
- 击鼓传话：以家庭为单位，成人与幼儿围成圆圈席地而坐，主持人准备一句话先教给第一个人，大家一个接一个小声传话。
- 小贴画：小朋友聚集在活动场地的中间位置，老师和家长说："小贴画。"小朋友说："贴哪里？"老师和家长指定身体的某一部位，小朋友找小伙伴贴。游戏可实行淘汰制。
- 放风筝：幼儿成四路纵队在场地上站好，在50米跑道上进行放风筝接力赛。教师发出信号后，四队排头幼儿手拉风筝线往前跑，跑回时将风筝线交到第二个幼儿手中，第二个幼儿拿好风筝线后接着跑，如此接力，直到每队的幼儿都参与一遍，先跑完的一队获胜。游戏反复进行。

3. 亲子种树

（1）设计要点

以家庭为单位开展亲子种树活动。通过组织幼儿讲讲、看看、玩玩、种种等活动，让幼儿感受植树的快乐，加深幼儿对常见树的认识，了解树木与人类的关系；鼓励幼儿与同伴互相合作，激发他们爱护树木及热爱大自然的情感。

（2）活动要求

- 事前联系好种树的场地，并准备好相关的工具。
- 幼儿和家长到达活动现场后，在工作人员处签到并领取名牌（植完树后，可将名字写在名牌上，并挂在树上留作纪念）。
- 到达植树处，领取树苗（桂花树）和工具。
- 植树时，以家庭为单位插上小标志。
- 用完工具后，需完整交还。

4. 结合场地开展的活动

（1）设计要点

有些公园会提供喂小金鱼活动或者其他娱乐活动，因此幼儿园可组织家长与孩子、孩子与孩子结伴参加。

（2）活动要求

- 事先做好场地服务内容的调查、考察工作。
- 用餐的安排：要选择干净卫生、有营业执照的餐厅，避免食物中毒。

5. 亲子表演活动

（1）设计要点

选择几个家庭，以单个家庭或多个家庭联合表演亲子节目的方式，组织亲子表演活动；最后，教师组织一个由全体家庭参加的表演活动。

（2）活动要求

- 活动前要做好亲子节目的排练工作。
- 表演的节目不宜太多，表演道具要简单并便于携带。

（五）活动小结

活动结束，教师小结本次活动安全与幼儿参与活动情况，感谢家长的参与。

（六）返回

带好随身物品，主办方、承办方清点人数，合影留念，有序离园，相约再见。

附1：责任书范例

我自愿参加班级组织的春游活动，在活动中严格按照组织者的要求行动，负责照顾好自己的孩子，愿意承担安全责任。

×××的监护人×××

×年×月×日

附2：亲子快乐行活动通知

各位家长：

春游活动即将开始，为保证本次活动的顺利开展，特温馨提醒以下几点。

1. 集合时间：×年×月×日早上7:50在幼儿园门口集合。
2. 抵达地点：×××公园。
3. 温馨提示：轻装上阵，准备一些简单的食物和水，穿上运动装，带上好心情！此次活动由班级家委会组织，邀请三位老师参加。出游的幼儿必须有大人陪同，责任自负，请大家注意安全！

预祝旅途愉快！

×××幼儿园××班

×月×日

方案 24 “迎新年”亲子游园活动

【使用导引】

《纲要》明确指出：“幼儿与成人、同伴之间的共同生活、交往、探索、游戏等，是其社会学习的重要途径。”亲子活动是以亲缘关系为主要维系基础，以幼儿与家长的互动游戏为核心内容，全方位开发孩子的多种能力，帮助孩子初步完成从自然人向社会人过渡的一种活动。目前，在家庭教育中，亲子关系往往被父母忽视，这对密切亲子关系和促进孩子身心健康发展是非常不利的。为了帮助家长进一步学习亲子游戏的方式、方法，幼儿园决定开展“迎新年”亲子游园活动，请家长到幼儿园参与集体亲子活动，从而使家长对亲子活动的目的、准备、过程以及如何引导幼儿有更详尽的了解。

【活动目标】

（1）通过亲子游园活动，鼓励幼儿大胆选择和参与，培养幼儿参加各类游戏活动的积极性以及与父母或同伴共同克服困难夺取胜利的精神，让幼儿保持愉悦的情绪。

（2）营造新年的气氛，促进亲子感情。

（3）通过活动培训一批家长义工，提升家长协助幼儿园开展大型活动的能力。

【活动准备】

（1）选择适合各年龄班的游戏。

（2）准备需要的道具、材料及各类奖品。

（3）布置活动场地。

（4）提前做好家长义工培训工作。

（5）三个年级组各排练一个迎新年的节目。

（6）做好活动通知的发放工作。

【活动地点】

幼儿园室内、户外及功能室。

【活动时间】

12月31日上午8:50—11:00。

【活动形式】

全园一起开展或者以年级组为单位开展。

【人员安排】

（1）总策划、总负责：园长。

（2）总执行：教学副园长或教学主任，主要负责撰写方案，召开工作布置会议和家委会工作会议，发放全园家长通知书，跟进与协调工作过程。

（3）后勤工作：后勤主任，主要负责布置场地，购买物品，制作宣传海报。

（4）具体执行：小、中、大班年级组长，负责“迎新年”节目的排练以及游园活动方案的具体执行。

（5）家长义工：参与游戏的收集、活动的组织及现场安全的维持等工作。

（6）其他工作：摄像、摄影人员，音响负责人员，场地秩序维护人员，门卫。

【活动流程】

家长携幼儿进场—主持人致欢迎词，解说本次活动的主题—“迎新年”节目表演—亲子游园活动—兑换奖品，离园。

【活动过程】

（一）家长携幼儿进场（8:50—9:00）

1. 设计要点

家长携幼儿进场，并做好参加活动的准备工作。

2. 活动要求

- 教师与家长义工要提前进场，提前做好游园活动的准备工作。
- 家长要为幼儿参与活动提早做好相关准备。

● 参加节目表演的幼儿要提早进园准备。

（二）主持人致欢迎词，解说本次活动的主题（9:00—9:10）

1. 设计要点

欢迎词要简洁明了、充满激情，要让全体参与者明确本次活动的意义与主要内容，为下一步活动做准备。

2. 活动要求

主持人要告诉大家以下注意事项。

● 请您在活动中看好您的宝宝，以免其受到伤害。

● 请在活动过程中遵守活动规则。

● 在活动中请勿拥挤。

● 在活动中表现棒的小朋友可以获得小礼品。

（三）“迎新年”节目表演（9:10—9:30）

1. 设计要点

以年级组为单位表演“迎新年”节目，营造快乐、喜庆的新年氛围。

2. 活动要求

小、中、大班节目时长分别为：5 分钟、6 分钟、8 分钟。

（四）亲子游园活动（9:30—10:30）

1. 设计要点

● 小班：小班幼儿年龄小，所以需要教师带领他们参加活动，同时还需要家长义工的帮忙。通过讨论，最后确定每个班需要 4 名家长义工，每 2 名家长义工负责一个游戏，由教师分别带领 10 名幼儿到各个游戏点进行游戏。

● 中班：幼儿独立串游，每个活动点有一种标签，幼儿每参加一个项目就张贴此标签在手臂上，以记录参与活动的情况。

● 大班：每个幼儿一张游园游戏单，每班幼儿分成 6 组，每组选一名小组长，大家一起参与各项游戏。在每个游戏点结束游戏时，在游戏单上做标记，最先完成所有游戏的一组将被评为“最佳小组”，每人将获得“特别礼物”一份。

2. 活动要求

- 准备小、中、大班不同年龄段的游戏，根据游戏需要选择活动场地。
- 园方负责场地的统筹安排。
- 各年级组的家长义工由各年级组教师负责。
- 每班一名教师，负责维持活动秩序，指导个别小组参加活动。

（五）兑换奖品，离园（10:30—11:00）

1. 设计要点

幼儿与家长根据自己的积分记录，选择喜爱的奖品进行兑换。

2. 活动要求

- 小、中班幼儿可以在家长的带领或指导下进行兑换，大班幼儿可自行兑换。
- 兑换地点可以多设几处，避免拥挤。

附1：“迎新年”亲子游园活动快讯

亲爱的家长朋友们：

新的一年即将到来，在这辞旧迎新的时刻，我园将在12月31日（本周三）上午举办丰富多彩、妙趣横生的幼儿园“迎新年”亲子游园活动，诚挚地邀请您前来参加。

活动地点：幼儿园。

活动安排如下。

8:50—9:00　家长携幼儿进场

9:00—9:10　主持人致欢迎词，解说本次活动的主题

9:10—9:30　“迎新年”节目表演

9:30—10:30　亲子游园活动

10:30—11:00　兑换奖品，离园

为了确保活动的顺利开展，请家长朋友们配合做好以下工作。

1. 活动当日，孩子在家吃早餐，请家长朋友在规定时间内送孩子到班上，然后在操场的指定位置等待活动开始。

2. 观看兴趣班的表演后，请家长们回班上接孩子并做好游园的准备工作。

3. 游园结束后，请家长把孩子送回班上，然后自行离开，孩子继续下午的正常在园活动。

×××幼儿园

×月×日

附2：各年龄班亲子游戏大全

小班亲子游戏大全

游戏名称	游戏规则及玩法	材料准备
蹦蹦跳跳摘糖果	玩法：教师和保育员一起举着网，请幼儿分组钻到网下，跳起摘糖果；请幼儿看看、说说自己摘到什么“糖果”；幼儿把摘到的“糖果”交给家长	一张用绳编的网，网上挂着幼儿爱吃的糖果卡片
采蘑菇	玩法：教师扮兔姐姐，带领“小兔”一起去采蘑菇；告诉幼儿地上有两种颜色的“蘑菇”，“小兔”要跳着去采“蘑菇”，回来告诉姐姐采到了什么颜色的“蘑菇”；让幼儿把采到的“蘑菇”放入筐内，抬着回家给家人	兔子头饰与幼儿人数相等，提前制作好的红、白蘑菇
喂老虎	玩法：小朋友用勺子往老虎玩具嘴巴里喂豆子，4名幼儿同时开始，只能用一只手进行游戏，先喂完的获胜	豆子，老虎玩具
推小车	玩法：让幼儿趴在软垫上，双手撑地，成人抓住幼儿的两条腿，使幼儿两腿向上呈倒立状。4个家庭为一组进行此游戏，先到终点者获胜	软垫数块
小鸡出壳	玩法：教师说完“预备——起”后，家长和孩子赶快拿起报纸，小心地从蛋中间撕破一个洞，然后将头、肩、躯干和脚从报纸中钻过，再跨出报纸，发出“叽叽”声，一只小鸡孵成了。可以接着再撕再钻，一旦将报纸撕破，就算失败。最后孵出小鸡最多的家庭获胜	大张的报纸若干，每张画上一个大鸡蛋，分散放在地上
剥橘子	玩法：幼儿人手一只橘子，站在家长对面；听口令开始剥橘子，剥完橘子后，迅速将橘子交给爸爸妈妈，并说一句感谢的话；家长以最快的速度吃完橘子	橘子若干

续表

游戏名称	游戏规则及玩法	材料准备
大脚小脚	玩法：家长和幼儿面对面站好，家长用双手拉着宝宝的手，宝宝的小脚踩在家长的大脚上，家长带动宝宝向前迈步。游戏分组进行，教师要及时奖励获胜的幼儿	
送彩球宝宝回家	玩法：将海洋球四散放在场地上的圆圈内，幼儿和家长拿一个纸箱站在圆圈外的场地上。游戏开始前，家长请幼儿说说、认认纸箱的颜色；游戏开始后，请幼儿去捡和自己的纸箱颜色一样的球，家长站在纸箱边等待。若看见自己的孩子捡错了，请幼儿放回去重捡，一直到捡完球结束，先捡完的幼儿获胜	红、黄、蓝、绿的纸箱各1个；红、黄、蓝、绿的海洋球各10个
送水果	玩法：将大树挂满水果并放在场地的一端（终点），家长和孩子在场地的另一端（起点）面对面地站立，同时幼儿将自己的脚踩在家长的脚上，家长用双手提住幼儿的双肩做好准备；游戏开始后，幼儿与家长一起往前走，到达果树后家长抱起幼儿摘下一个水果，两人一起手拉手往回跑，先回到起点者获胜。在前进的过程中，幼儿的脚必须踩在家长的脚面上	自制的大树两棵，自制的水果图片若干
找宝宝	玩法：家长用纱巾蒙上眼睛站在圆圈中间，幼儿坐在圆圈的蓝色点子上。音乐声响起，家长蒙着眼寻找自己的宝宝；音乐结束后，家长拿掉纱巾，看看自己是不是找对了宝宝。活动过程中，宝宝不能发出声音或做任何动作来暴露自己在哪里	每位家长自己准备一块纱巾
运球过河	玩法：分两组，家长让宝宝用下巴夹住球，然后宝宝夹球经过平衡木，将球送到对面的筐里	泡沫球，小平衡木
你投我接	玩法：4个家庭一组，幼儿持沙包往家长方向投，家长用筐子接住，取前两组家庭为胜者	筐子、沙包若干
贴鼻子	玩法：4个家庭一组，幼儿引导被蒙着眼的家长给小熊贴鼻子，最先贴好的两组家庭胜出	纱巾若干，画上小熊的黑板若干
猜动物	玩法：4个家庭一组，家长学动物的样子，幼儿猜，答对有奖	
抱孩子	玩法：幼儿从指定的起点处跳羊角球，家长跟在后面跑，到终点后，家长快速抱起幼儿跑回原点，拍下一个人的手，依次轮流	羊角球

中班亲子游戏大全

游戏名称	游戏规则及玩法	材料准备
猜爸爸妈妈	玩法：幼儿5～6人，蒙眼坐成一排，父母分别走到幼儿面前，主持人说出此人特征，如发式、衣着等，让幼儿猜测是不是自己的爸爸妈妈	小椅子5～6把，蒙眼纱巾5～6条
毛毛虫	玩法：每个家庭派出一个小孩和两个大人，三人排成一列纵队，把第一个圈套在前面两人身上，把第二个圈套在后两人身上，比比哪组先跑完规定路线。为了增加难度，可在路线上设置独木桥、山洞等障碍物	小呼啦圈若干
水果大比拼	玩法：将幼儿排成4路纵队，每一队第一个幼儿拿好一样水果，听口令后迅速将手中的水果递给站在终点的爸爸（妈妈），爸爸（妈妈）接到水果后立即将水果吃完，先吃完的获胜	橘子、苹果、香蕉、梨若干
两人三足走	玩法：幼儿与家长相邻的脚被绑在一起，当口哨响起时一起向前方走，直到拿到前方的小红旗才可往回走，哪队先返回起点处为胜出者	绳子、小红旗
小小领路人	玩法：家长用布蒙上眼睛，当口哨响起时由幼儿当领路人，带领家长穿越障碍物。走到终点后，哪队先拿到小红旗的为胜出者。若在途中将障碍物绊倒，则必须回到起点处重新开始	蒙眼布，由矿泉水制作的障碍物
钓鱼	玩法：每人一支钓鱼竿，4人同时进行。2分钟内钓到易拉罐最多者获胜，前两名有奖品	钓鱼竿、易拉罐若干
套圈	玩法：3人一组同时站在线外分别向自己对面的雪糕筒套圈，每人3个圈（3次机会），投中最多者获胜	雪糕筒3只，小圈9个，礼物若干
旋转击鼓	玩法：2人一组站在各自点上，左手伸直，右手捏左耳朵旋转5周后直线走到前方击鼓，先击鼓者获胜	鼓槌两只，大鼓一面，奖品若干
抛球游戏	玩法：3人一组，每人一球，站在线外，向筐内抛球，投到筐内者获胜	球3个，筐3个
滚小球	玩法：3人一组，每人1个乒乓球，在积木搭成的轨道内，先将乒乓球吹到终点者获胜，前2名有奖	乒乓球3个，积木若干，桌子2张
击打保龄球	玩法：4名幼儿共同进行，站在规定的线上，用海洋球去击易拉罐，击倒一个以上就有奖品	易拉罐若干，海洋球若干
头顶沙包走	玩法：教师头顶沙包做各种有趣的动作，引起幼儿的兴趣。请幼儿将沙包顶在头顶上，两个胳膊伸平，从教室的一端走向另一端。鼓励幼儿勇敢地玩游戏，指导家长对幼儿进行积极的肯定	沙包每人一个

大班亲子游戏大全

游戏名称	游戏规则及玩法	材料准备
钓灯笼	玩法：用衣架作为钓竿，将已穿好线的灯笼钓起。每人时间为2分钟，钓起多者获胜，可3人同时进行	衣架3个，灯笼15个
大小西瓜	玩法：家长和孩子面对面站立，家长说“大西瓜”，孩子就做“小西瓜”的手势。家长说“小西瓜”，孩子就做“大西瓜”的手势。错者淘汰，最后未被淘汰者获胜。一轮游戏结束后，互换角色进行。此游戏也可由主持人发出信号，家长和孩子一起做；不要选择一些词语（如高、矮、胖、瘦）来进行这种游戏	
钓瓶子	玩法：用系有小木棍的钓鱼竿将瓶子钓起，家长与孩子比赛，在规定的时间范围内，谁钓得多谁获胜	空饮料瓶、细线、小木棍、“钓鱼竿”
夹豆子	玩法：5名幼儿一起进行，用夹子把一纸碗内的眉豆夹到另一个碗里，完成任务的即有奖品	夹子5个，纸碗10个，大眉豆若干
坦克车	玩法：将报纸连成一个大圆，家长和幼儿站在报纸上，手托起上方的报纸形成一个坦克链条；然后，家长和幼儿手脚同时移动链条向前走，先到者获胜	报纸、剪刀、透明胶带若干
盲人击鼓	玩法：幼儿3人一组，蒙住眼睛从起点出发，敲击前方10米处悬挂的锅盖，敲中者获胜	锅盖若干
转椅抛球	玩法：3名幼儿一组，手拿毛绒公仔盘脚坐在转椅上，家长转动转椅数圈后，请幼儿下来抛接毛绒公仔，接住者获胜	转椅3把，毛绒公仔3个
胯下传球	玩法：2组幼儿同时进行，每组幼儿排成一列纵队，双脚叉开，游戏开始，从第一个幼儿开始胯下传球，最先传出球的一组获胜	皮球2个
赶小猪	玩法：5名幼儿一起进行，用扇子扇着纸环前进，坚持到终点者即有奖品	自制的纸环若干，扇子若干
身体夹球走	玩法：此游戏需要2名幼儿配合完成，用身体夹住皮球，侧身往前走，球不掉并能走到终点者获胜，参加游戏者都有奖	皮球若干
肚子夹球	玩法：小朋友和家长分别在两边面对面站好，孩子张开双臂，家长半蹲，手背在背后，两人用肚子夹住球，横着走到椅子处再绕回来。用手拿球算犯规，需回到起点处重新开始比赛；如果中途球掉了，捡完球还需回到掉球的地方重新开始游戏	篮球2个，椅子2把，奖品若干

续表

游戏名称	游戏规则及玩法	材料准备
运气球	玩法：家长和小朋友站在起点处，游戏开始，家长用嘴把气球吹鼓并打结（不可以小于气球范样），小朋友拿着气球快速跑到指定地点放到箱子里，游戏反复进行，在规定时间内，气球数量多者获胜	未充气的气球若干，大箱子 4 只，跑道 4 条
生命之旅	玩法：家长蒙上眼，幼儿牵着家长的手，带领他们越过障碍物，期间家长不能取下眼罩，只能凭借幼儿的语言和肢体帮助走完全程。到终点后，家长在幼儿的带领下坐到小椅子上，幼儿站在家长身旁。最后家长取下眼罩，所有爸爸妈妈与幼儿手拉手同唱歌曲《感恩的心》，彼此最真诚地感谢亲人、感谢同伴	蒙眼的眼罩，场地布置（大约 15 分钟的路程，在旅程中设置不同障碍物）
袋鼠跳	玩法：一名小朋友与自己的爸爸或妈妈组成一组，每次游戏 4 组为一单位，小朋友与家长面对面站立，中间距离 30～50 米。游戏开始后，小朋友要拿起放在地上的大袋子，跑向自己的爸爸或妈妈，爸爸或妈妈接到袋子后，要马上套住自己的双腿，跳回孩子的起始位置，以速度定输赢	大袋子 4 个，可以用面粉包装袋等代替
揪尾巴	玩法：一家 3 口组成一头牛，爸爸为牛头，妈妈的手搭在爸爸的肩上为牛身，孩子紧贴妈妈身后做牛尾，孩子在裤腰上别上牛尾巴。在一定场地范围内，几个家庭展开揪尾巴比赛。最后，看哪个牛头揪到的尾巴多，哪个家庭就获胜	纸尾巴若干条

七、科技类

方案 25 “我身边的科学”快乐科技节

【使用导引】

我们生活、学习的环境中处处有科学，时时在用科学。《指南》提出：“幼儿的科学学习是在探究具体事物和解决实际问题中，尝试发现事物间的异同和联系的过程。”幼儿科学学习的核心是激发探究能力，体验探究过程。因此，大型活动的开展一定要关注幼儿的学习特点。基于以上认识，为推进幼儿园科学启蒙教育，提高幼儿学习科学知识的热情，本科技节以科学发展观为统领，以普及科学知识、倡导科学方法、传播科学思想、弘扬科学精神为重点，通过“我身边的科学”亲子探究活动、“我的小发明”亲子制作活动、“科学知识知多少”有奖问答、参观科技馆等系列活动，引导幼儿主动寻找生活中的科学，了解科学小知识，让幼儿在实际生活中探究和学习，并为家长提供一个了解幼儿园科技教育开展的平台，使他们共同参与幼儿园的科技活动。

【活动目标】

（1）引导幼儿参加各种形式的科技活动，让他们感受科学的有趣和神奇，大胆地操作和探索，学习用较清楚的语言、简单图表等方式来说明自己的认识与发现，并初步了解科技与人们生活的关系，从而萌发爱科学的情感。

（2）引导幼儿通过体验、探究认识周围的事物与现象，增强学习科学的兴趣，提升学习科学的能力。

（3）充分利用社区、家长资源，增进家长对幼儿科学教育的认识，同时让家长通过参与活动了解幼儿园的课程理念，提升科学育儿经验。

【活动准备】

（1）制定方案，提高认识，充分利用周一升旗、晨间谈话、主题活动、海报宣传等形式，开展科技节主题宣传活动，营造全园知晓、全园参与的浓厚氛围。

（2）购买科技节需要的各种制作材料、布展材料、奖品、奖状。

（3）准备开幕式“科技小电影”和大班科技活动表演。

（4）联系科技馆并做好相关的准备工作。

（5）准备闭幕式的科技节回放片和科技节发生的故事。

【活动地点】

幼儿园、科技馆。

【活动时间】

两周。

【活动形式】

活动参与。

【人员安排】

成立科技节组委会。

（1）组长：园长，总指挥。

（2）副组长：教学副园长或教学主任，总执行。

（3）教学组：负责组织科技节的开幕式、闭幕式和参观科技馆的工作。

（4）后勤组：负责材料购买，安排场地。

（5）班级教师：负责组织“我身边的科学”亲子探究活动和“我的小发明”亲子制作活动。

（6）家委会：负责“科学知识知多少”有奖问答与家长义工工作。

（7）综合组：负责影像资料拍摄与宣传工作。

【系列活动内容】

（1）“我身边的科学”亲子探究活动。

（2）“我的小发明”亲子制作活动。

（3）趣味游戏。

（4）环保主题科幻画。

（5）“科学知识知多少”有奖问答。

（6）百米环保画绘画活动。

（7）参观科技馆。

【活动流程】

科技节开幕式—科技节系列活动—科技节闭幕式。

【活动过程】

（一）科技节开幕式

1. 设计要点

开幕式相当于科技节的启动仪式，通过开幕式向全体幼儿及家长宣布该活动开始了。同时，通过主持人对系列活动的介绍、园长鼓励性的讲话，以及通过观看“科技小电影”和大班表演的“我们爱科学”，帮助幼儿了解本次科技节的主要内容，激发幼儿参与科技节的兴趣。

2. 活动要求

- “科技小电影”的选择要控制好时间，内容要能够激发幼儿对科学活动的兴趣。
- 大班的科技活动表演需围绕“幼儿生活中发生的故事”进行，既要有趣味性，又要能鼓励幼儿养成良好的科学学习态度。

3. 活动流程

9 : 55—10 : 00	家长、幼儿入场
10 : 00—10 : 10	主持人介绍科技节主要活动
10 : 00—10 : 05	园长讲话并宣布科技节开始
10 : 05—10 : 15	观看“科技小电影”
10 : 15—10 : 25	大班科技活动表演
10 : 25—10 : 30	活动结束，主持人小结电影内容，预祝科技节取得圆满成功，幼儿退场

（二）科技节系列活动

1. “我身边的科学”亲子探究活动

（1）设计要点

以家庭为单位，家长引导幼儿发现、关注并讨论“身边的科学”，以一周的时间用纸笔、相机进行记录，一周后交给班级老师。教师在家委会的协助下，分小组组织家长和幼儿分享。分享时以家庭为单位，家长与幼儿互相补充。根据年龄班的不同，对幼儿发言的机会做相应调整。最后，在“班级分享栏”进行全班展示。

（2）活动要求

- 家长以引导为主，鼓励幼儿积极参与。
- 分享环节要鼓励幼儿大胆讲述自己的探究与发现，家长给予及时的补充与支持。

2.“我的小发明”亲子制作活动

（1）设计要点

在“我身边的科学”亲子探究活动的基础上，尝试亲子制作。幼儿在家长的带动下，讨论制作方案、收集材料，开始制作工作。制作完成后，以班级为单位组织评选活动。大班幼儿互相打分，小、中班幼儿家长参与评选工作，每班选出2个园级参赛作品。园级评选活动评委由大班幼儿代表、各年级组家长代表、教职工代表组成，集中评选，评出一等奖3个、二等奖6个、三等奖10个，最后进行“优秀制作展”。

（2）活动要求

家长要根据幼儿的年龄特点选择不同难度的制作内容，要结合幼儿的已有经验与兴趣开展活动；没有兴趣的幼儿可以不参加。

3. 趣味游戏

（1）设计要点

开展2～3个趣味科学游戏，如吸乒乓球等，时间10分钟左右，依获胜情况得分。

（2）活动要求

要考虑小、中、大班不同幼儿的年龄特点，做好活动前的准备工作。

4. 环保主题科幻画

（1）设计要点

幼儿积极参与科普活动，用手中的笔描绘科学幻想的世界。

（2）活动要求

- 参加对象：中、大班幼儿。

- 绘画内容要符合主题，充分体现对科学的幻想；尺寸规格一律为4开的纸，横竖画不限；将一份申报表贴在作品背面左下角。
- 每班交5幅画。

5.“科学知识知多少”有奖问答

（1）设计要点

由骨干教师与家长代表整理“科学知识题库”，以班级为单位，每天选择几道题目，在晨谈、餐前等时间组织幼儿进行“趣味抢答”“看谁答得多”等活动，并发“小贴纸”进行奖励。在熟悉题库后，大班幼儿还可以班级为单位进行全年级组“科学知识知多少”有奖问答。

（2）活动要求

- “科学知识题库”要围绕幼儿生活中的科学常识产生，内容要浅显、丰富。先由各班家长、教师收集日常生活中的科学常识，如“十万个为什么”等，然后园部进行汇总、筛选，再下发。要求家长在家庭中先丰富幼儿与之相关的科学知识。
- 有奖问答的形式要考虑幼儿的年龄层次，可以通过游戏的方式进行抢答，大班幼儿在活动中要注重竞赛性和集体荣誉感的培养。
- 在幼儿园网站创设“快乐科技节进行时”宣传栏，及时记录并报道孩子们的活动。

6.百米环保画绘画活动

（1）设计要点

以年级组为单位，每个年级组负责一部分绘画内容，在教师的统筹指导下进行环保专题的绘画，要求幼儿结合生活中的实际经验，将眼中看到的、心中想到的用画面表现出来。家长带领幼儿在生活中收集资料，丰富幼儿环保方面的经验。

（2）活动要求

- 教师要整体规划，帮助幼儿画出心中的感受。
- 不同年龄的幼儿其作画内容的选择和作画技巧的要求也要有所不同。
- 大班幼儿应注重绘画作品的整理与合作意识的培养。

7. 参观科技馆

（1）设计要点

以年级组为单位，组织幼儿参观科技馆。参观分为4个部分：

- 参观前的准备及要求。
- 进入科技馆，听教师或讲解员进行讲解。
- 实地操作。
- 讨论与总结。

（2）活动要求

- 做好外出活动的组织与安全工作。
- 教师要提前做好活动前的考察工作，根据科技馆的设置等具体情况有目的地组织幼儿进行参观，不同年龄班的幼儿其参观侧重点要有所不同。

（三）“科技节”闭幕式

1. 设计要点

通过园长总结讲话、回看科技节的视频和分享科技节发生的故事等带领幼儿回顾本次科技节活动，为本次科技节表现突出的家庭和幼儿颁奖。其中，科技节发生的故事分享环节可以安排2名家长和3名幼儿参加，家长发言时间为每个人4分钟，幼儿发言时间为每个人2分钟，重点围绕参与本次科技节活动所发生的令人印象深刻或者感人的故事，与全园幼儿分享。

2. 活动要求

- 回看科技节视频和分享科技节发生的故事环节，要控制好时间，内容要能帮助幼儿回顾本次科技节的主要过程。
- 颁奖环节，要做好人员、音乐、奖品等方面的组织工作。

3. 活动流程

9:55—10:00　家长、幼儿入场

10:00—10:05　园长总结讲话

10:05—10:15　回看科技节的视频

10:15—10:20　分享科技节发生的故事

10 : 20—10 : 30　颁奖仪式

10 : 30—10 : 35　结束，退场，主持人宣布科技节结束

八、综合类

方案 26 “和孩子一起成长”家教有奖征文活动

【使用导引】

家长是幼儿园的合作者、支持者，是教育孩子的核心力量。为了给幼儿创设一个良好的教育环境，幼儿园有责任引导家长掌握科学的育儿经验，让幼儿在科学的教育观念下健康、快乐地成长。基于以上认识，特组织本次“家教有奖征文”活动，希望通过活动为家长提供一个家庭教育经验分享、交流的平台。本活动作为幼儿园家长工作开展的一种方式，希望能引领班级家园共育工作深入进行。

【活动目标】

（1）鼓励家长用文字总结、整理自己的育儿经验，讲述自己的家教故事。

（2）为家长提供一个家庭教育经验分享、交流的平台，让家长们在参与活动的过程中实现共同成长。

【活动准备】

（1）购买奖状、奖品。

（2）布置征文展示场地。

（3）聘请幼教专家担任专家评审组评委。

【活动地点】

幼儿园。

【活动时间】

5 月 15 日—6 月 1 日。

【活动形式】

全园开展。

【人员安排】

成立“和孩子一起成长”家教有奖征文组委会。

（1）活动宣传组：负责宣传及征文编册。

（2）专家评审组：由外聘专家、本园教师代表和家长代表组成，担任征文的评选工作。

（3）组织策划组：负责活动的组织、策划工作。

（4）后勤服务组：负责布置场地，购买奖状、奖品，制作宣传海报等。

（5）综合工作组：包括家长义工，摄像、摄影人员，音响负责人员，场地秩序维护人员，门卫等。

【活动流程】

活动宣传与文章征集—征文展览及评审—颁奖与征文分享。

【活动过程】

（一）活动宣传与文章征集（5月15日—5月20日）

1. 设计要点

通过快讯、广告等方式并借助家委会的力量进行宣传，让家长认同活动的意义，积极参与活动。

2. 活动要求

鼓励每个家庭派代表积极参与。

附：“和孩子一起成长”家教有奖征文活动快讯

亲爱的家长朋友们：

家庭是伴随孩子成长的第一间学校，也是伴随孩子终身发展的场所。无论您是否愿意，从孩子呱呱坠地起，您就成为他（她）的第一任教师，您的一言一行、一举一动都在影响着孩子的成长。孩子给家庭带来快乐，偶尔也会给您增添一点烦恼。今天，请您拿起手中的笔，搜寻您的宝贝在快乐成长过程中的点点滴滴，把它记录下来，将这段宝贵的记忆凝固为永恒。征文要求如下：

1. 将自己教育孩子的所见、所闻、所感用书面文字表达出来。

2. 文章体裁、形式不限，字数不限，稿件数量不限。

3. 文章规格：用 A4 纸打印或用稿纸书写，打印字体为四号宋体，用稿纸手写务必字迹工整。

征集时间：5 月 15 日—5 月 20 日。

截止时间：5 月 20 日。

请在作品征集时间内，将家教经验文章交到本班教师处。

××幼儿园"和孩子一起成长"家教有奖征文组委会

×年×月×日

（二）征文展览及评审（5 月 21 日—5 月 28 日）

1. 设计要点

组织征文展览，征文应标明主题名称、班级和作者姓名，让全园家长分享教育心得。征文评审分为两部分：一部分是专家评审组从文章的教育理念、情感、方法等方面进行评审；另一部分是组织全体家长通过微信进行投票，最后的评审结合两部分的情况进行。通过全体家长参与，为家长们提供互相交流的平台，专家评审组的评审结果则对本次活动具有引领作用。

2. 活动要求

征文要以班级为单位展示；征文要求全部打印。

附：奖项设置及评奖方法

由专家评审组结合全体家长的投票对参赛文章进行评选，设立一等奖、二等奖、三等奖若干名，其余为优秀奖。

（三）颁奖与征文分享（5 月 29 日—6 月 1 日）

1. 设计要点

- 以年级组为单位，结合"六一"活动为获奖作者颁发荣誉证书及奖品，并在颁奖会上请获奖者现场演讲，分享自己的育儿心得。最后，将优秀文章整理成册。

- 布置一块展板，将网上家长的留言、交流及转载的能给大家带来启示的育儿文章展示出来，给更多的人以启示和鼓励。

2. 活动要求

- 每个年级组现场演讲的家庭不超过8个。
- 家委会参与征文册子的编写工作。
- 各位家长可在本园班级网站上发言讨论，也可转载文章与大家分享。

方案27　全城关爱爱心行动

【使用导引】

结合身边发生的事件，让幼儿参与公益活动，是对幼儿进行爱心教育非常有益的一项工作，也体现了《指南》提出的“让幼儿通过亲身体验而获取经验”的思想。

儿童孤独症，又称自闭症，是发生于儿童早期的一种广泛性发育障碍，患者兴趣狭窄、活动刻板、行为异常，绝大多数智力低下。目前，中国自闭症儿童呈逐年上升趋势，成为严重危害儿童精神健康的疾病。自闭症患儿需要长期的康复训练，但大部分患者家庭由于长期治疗带来的经济压力，迫于无奈选择放弃，结果患儿在最佳康复训练年龄错失了康复的训练时机，导致不可逆转的终身残障，令人扼腕叹息……为此，我们发动了本次捐款活动，希望帮助更多的自闭症患者，也希望借此机会引导幼儿关注周围的世界，关注他人，怀有一颗感恩的心，用自己的方式去帮助更多需要帮助的人。

【活动目标】

（1）营造爱的氛围，让幼儿通过亲身参与关爱行动，获得爱的教育。

（2）引导幼儿关注周围的世界，关注他人，怀有一颗感恩的心，用自己的方式去帮助更多需要帮助的人。

【活动准备】

（1）“全城关爱爱心行动”倡议书。

（2）准备“自闭症专题纪录片”。

（3）布置场地，准备好音箱（轻柔音乐）以及摄影和摄像器材等。

（4）准备好捐款箱（透明并贴有爱心标志）和爱心小贴纸。

【活动地点】

幼儿园一楼大厅。

【活动时间】

两天。

【活动形式】

全体教职工及全体家长、幼儿。

【人员安排】

（1）策划组：幼儿园行政班子，家委会会长，活动总设计、总负责。

（2）总执行：家委会成员，负责活动的发起、组织与落实。

（3）班级教师：协助家委会动员家长支持幼儿献爱心，组织参与活动。

（4）后勤：布置场地，购买相关物品。

【活动流程】

发起关爱行动—开启关爱行动—活动尾声。

【活动过程】

（一）发起关爱行动

1. 设计要点

家委会牵头，在幼儿园网站、门口张贴“全城关爱爱心行动”倡议书，向全园老师及全体家长发起关爱孩子行动。提醒成人注意自己在每一个孩子面前的言行举止，呼吁孩子身边的所有人把对孩子的爱落实到行动中。

2. 活动要求

- 各班级家委会成员到各班级发起号召。
- 幼儿园积极响应家委会号召，班级教师鼎力宣传与支持关爱行动。

附：“全城关爱爱心行动”倡议书

孩子的宝贵童年，值得我们共同珍惜！孩子的健康成长，是我们共同的目标！

为此，我园将开展“全城关爱爱心行动”。幼儿园和家委会全体人员邀您一同加入“全城关爱爱心行动”行列，让我们联合起来，用实际行动净化孩子身边的成长环境。

具体参与方法：

1. × 年 × 月 × 日—× 月 × 日下午 4 : 45—5 : 15 在幼儿园一楼大厅设有捐款箱，积极参与关爱行动的家长可携带小朋友为自闭症儿童捐款。捐款自由，金额不限。

2. 届时幼儿园门口将布置签名留言板，给家长和小朋友们一个表达爱心的机会！请小朋友们及家长写出自己的想法、感受、承诺或用简单签名表示支持！

3. 参与捐款的家庭可参加 × 月 × 日在幼儿园一楼音乐厅举办的“全城关爱爱心行动”启动仪式暨“爱心捐款活动”。

4. 所获捐款，我们将全部打入以下账户……

让我们从现在开始，把对孩子的爱付诸行动，并将关爱行动传递出去！

××幼儿园“全城关爱爱心行动”组委会

× 年 × 月 × 日

（二）开启关爱行动

1. 利用晨会、升旗仪式发起号召

（1）设计要点

利用某周一早上的升旗仪式或晨会等活动时间，播放“自闭症专题纪录片”，激发幼儿的同情心，介绍爱心行动的意义。组委会对决定参与爱心行动的所有教师、家长及幼儿表示感谢。

（2）活动要求

- 全体教职工及家委会成员、部分家长代表参加。
- 主持人要用充满激情的语言赢得全体在场人员的理解与感动。
- 配音乐营造感人氛围。

2.“我愿意，我支持，我承诺”签名活动

（1）设计要点

在家长接送幼儿的大门口或幼儿园前厅，布置一块签名留言板。通过签名活动，给积极参与关爱行动的家长、老师们一个表达爱心的机会，请老师及家长写出自己的想法、感受、承诺或用简单签名表示支持。

（2）活动要求

- 可用纸、布、泡沫板等制作规格不小于 2 米 ×4 米的留言板，留言板可以采用表格的方式，注明班级、幼儿和家长姓名以及留言的内容。
- 教师和家长带头在留言板上写出自己的想法、感受或用签名表示支持，幼儿在成人的帮助下参与签名活动，可以用图文并茂的方式。

3. 分享活动，将关爱孩子行动传递出去

（1）设计要点

布置一块展示板，将网上家长的留言、交流及转载的与本次活动相关的文章展示出来，包括在此次活动中值得推荐的人或事，以便给更多人提示和鼓励，让大家都能看到、了解到我们的活动。

（2）活动要求

各位家长可在本园班级网站上发言讨论，也可以将本次活动中发生的感人事例分享给大家。

4.“全城关爱爱心行动”启动仪式暨“爱心捐款活动”

（1）设计要点

全体教职工、家长、幼儿参加 × 月 × 日“全城关爱爱心行动”启动仪式暨“爱心捐款活动”。现场准备捐款箱，捐款人在音乐伴奏下开始捐款。捐款活动持续两天，时间是下午的 4:45—5:15。

（2）活动要求

● 教师、家长带头捐款，鼓励幼儿拿出自己的零花钱，捐给需要帮助的孩子。

● 每天捐款结束后，组委会成员当场点数金额并进行记录、签名，以作证明。

（三）活动尾声

1. 设计要点

以园方及家委会名义写一封《致全体家长及孩子们的一封感谢信》，在幼儿园大门口及网站展示，公布捐款金额、捐赠对象，感谢全体参与捐款的家庭，同时公布捐款后对方开具的收据复印件。

2. 活动要求

● 爱心捐款活动要进行新闻跟踪报道，及时宣传活动的意义与教育幼儿。

● 幼儿园与家委会要耐心解答家长的质疑，消除不必要的误会。

附：致全体家长及孩子们的一封感谢信

尊敬的全体家长朋友及亲爱的孩子们：

你们好！谢谢你们！

家委会启动的“全城关爱爱心行动”在我们的共同努力下，成功地付诸实施了。

短短的两天时间里，留言板上就留下了几百位家长、幼儿的签名和承诺。短短的时间内，捐款箱里就有了 ×× 元充满爱心的捐款。

这一切都表明我们幼儿园全体家长、孩子们对自闭症儿童深深的关爱，更充分体现了我们幼儿园全体家长高度关爱孩子的高贵品质。“全城关爱爱心行动”圆满结束了，但我们关爱孩子的心是永远不会停止跳动的，让我们大家一起把“全城关爱爱心行动”传递出去吧！

最后，让我们全体家委会成员由衷地说一声：谢谢全体家长朋友和可爱的孩子们！谢谢你们的踊跃参与！

幼儿园家委会

× 年 × 月 × 日

另：我们家委会已将全部捐款，于 × 年 × 月 × 日上午 10 点 10 分存入深圳市自闭症研究会。

见证人：××

方案 28　毕业进行曲

——大班幼儿毕业系列活动

【使用导引】

大班的孩子前一段时间去小学预报名后，常常会问老师和同伴："为什么要上小学？""老师，你也去小学教我们好不好？""小学老师是什么样的？""小学生在学校学什么？"特别是去小学参观升国旗和学校环境之后，孩子们对小学生活非常地感兴趣……家长在孩子即将升入小学这个问题上，也有许多的担忧：孩子不适应小学生活怎么办？要不要先教汉语拼音以及 100 以内的加减法？要不要带孩子去熟悉小学的生活……为了让幼儿顺利地度过幼小衔接，让他们了解上小学的真正意义，也让家长明白在哪些方面可以为孩子提供帮助，特设计了本次活动。

【活动目标】

（1）回顾幼儿园的生活，增进幼儿对老师、同伴和幼儿园的感情，使他们留下美好的回忆。

（2）通过组织幼儿参观小学，与小学生进行互动，了解小学的学习环境、生活及知道小学与幼儿园的生活变化，知道自己要上小学了并且有上小学的愿望。

（3）通过活动让幼儿学会与人交往的技巧、按时完成任务、掌握一定的书写技能、学会整理个人物品等，培养幼儿有初步的坚持性、责任感、规则意识，为入小学做好基本的能力准备。

【活动准备】

（1）提前联系附近的小学。

（2）美工区：师生共同布置“准备上小学”的墙饰画；语言区：放置有关小学的图书供幼儿阅读，粘贴有关小学生活的图片供幼儿讲述；角色区：提供小学生活的游戏材料；建构区：提供小学校舍和活动场地的建构材料。

（3）提前发放“致家长的一封信”。

（4）邀请领导、嘉宾、社区幼儿家长代表、报社媒体等参与活动。

【活动地点】

幼儿园、小学。

【活动时间】

5月中旬—6月中旬。

【活动形式】

大班年级组全体幼儿。

【人员安排】

（1）大班年级组长：负责活动方案的制定、统筹工作。

（2）大班班主任：负责活动方案的组织与执行。

（3）大班年级组家委会会长、综合组：协助班主任开展毕业系列活动。

【活动流程】

幼儿园真好—向往小学生活—学做小学生。

【活动过程】

（一）幼儿园真好

1. 设计要点

- 回顾在幼儿园的生活：通过谈话、整理照片、看望弟弟妹妹等系列活动，引导幼儿回顾幼儿园的生活，感受幼儿园的美好。
- 写给老师和好朋友的信：给班级每一位老师写一封信，表达离别与感谢之情；有选择性地给班上的好朋友写信，表达自己的感情。写信的方式可以是幼儿口述，家长录音；也可以是幼儿口述，家长记录等。
- 给弟弟妹妹的礼物：通过谈话引导幼儿感受幼儿园大家庭中哥哥姐姐的角色，鼓励幼儿用自己喜欢的方式制作送给弟弟妹妹的礼物，可以是个人制作，也可以以班级或者年级组为单位集体合作。

- 种下毕业树：由家委会牵头为班级购买一棵小树，班级教师和全体幼儿一起，将小树种在幼儿园规划好的“毕业树”场地，幼儿园统一做一块牌子，标明是第 ×× 届 ×× 班级，留下毕业见证。
- 请你记住我：幼儿在家长的帮助下设计留言本；鼓励幼儿运用多种方式，在每天的生活活动时间与同班幼儿交换联系方式，还可以赠送照片，或者写一段话给对方或通过绘画表达小朋友之间的友谊。
- 留下永恒的一瞬：组织幼儿拍毕业照和集体照，还可以鼓励幼儿带来摄影工具，自主选择地方拍摄与朋友、老师的合影。
- 最后的聚会：为进一步增进孩子们之间的感情，毕业典礼结束当天，幼儿园可以让孩子们在一起住一个晚上，教师和家长义工陪同。孩子们一起共进晚餐，晚餐后一块聊天、玩耍，晚上一起睡觉，体验“在一起”的感觉，以此满足孩子们毕业离别前的不舍之情。

2. 活动要求

- 幼儿园做好系列活动的安全工作。
- 尊重幼儿的选择，自然开展系列活动。通过活动帮助幼儿回顾在幼儿园三年的生活，学会表达感恩，体验小朋友之间的离别之情和美好友谊。

（二）向往小学生活

1. 设计要点

- 调查我们的小学：按照学区对班级幼儿进行分组，以小组为单位对即将就读的小学展开调查，包括对小学的地理位置、校园风貌、教师数量、班级情况以及学校特色等进行了解并记录，鼓励幼儿通过美工活动、建构活动、描绘地图等方式再现小学的风貌。
- 走进小学：组织幼儿参观小学，实地体验一天的小学生生活，包括观看升旗仪式，参观各功能室，进班听课，课间与小学生交流，听小学老师介绍小学生的生活、学习情况等。

- 认识少先队：通过查阅资料以及与小学大队委交流，了解少先队。
- 邀请哥哥姐姐来做客：邀请小学的哥哥姐姐来幼儿园做客，通过与小学生面对面的交流，进一步了解小学生的学习与生活。

2. 活动要求

- 家长要协助幼儿开展关于小学的调查工作。
- 教师用积极的语言、情绪影响幼儿，激发幼儿对小学的向往之情。

（三）学做小学生

1. 设计要点

- 调整作息时间：教师和幼儿一起讨论小学生的作息时间，和幼儿商量调整幼儿园的作息时间并互相督促执行。
- 改变我们的教室：教师和幼儿一起讨论小学课堂的样子，学着改变自己的教室。
- 有问题会报告：鼓励幼儿在一日生活中要像小学生一样，遇到问题向老师报告。
- 会整理自己的学习用具：增加文具盒、水壶等小学生使用的生活及学习用品，要求幼儿每天整理自己的书包和学习用具。
- 会劳动，能守时：每天坚持值日生工作，学习为他人服务，每天能按时入园，参加活动有时间观念。
- 记住自己的学习任务：教师每天有意识地给每个幼儿增加一些学习任务，要求幼儿在活动区或生活中完成，培养幼儿的任务意识。
- 做事有计划：引导幼儿制订自己的学习、生活计划，如日计划、周计划等，检查计划实施的情况，学会与同伴分享、交流。
- 会保护自己：珍爱生命，了解周围环境中不安全的事物，遇到困难勇于面对，知道简单的求救与自救的方法。
- 了解小学生守则：通过集体讨论，熟悉并了解小学生守则。

2. 活动要求

结合幼儿的实际生活与经验，有计划地开展“学做小学生”活动，将活动内容融入幼儿的日常生活之中。

附：致家长的一封信

尊敬的全体家长朋友：

三年的时间一晃就过去了，在这段时间里，我们老师和孩子们建立了深厚的感情。我们记得他们的一颦一笑，记得他们稚气的提问，记得他们许多的趣事，记得他们渴望长大的心愿……真的，从内心里舍不得他们离开。可是，每一只雏鹰终有自由搏击长空的日子，为了他们能够更好地成长，我们只有为他们加油、祝福！

希望家长朋友们多收集一些与此主题有关的资料，如旧校服、旧的小学教材、孩子成长的照片等，我们期待着家长朋友们的参与！孩子们也会在你们的关注下茁壮成长！

请您配合以下事项。

1. 要求幼儿按时上学，坚持背书包，按规定穿园服。

2. 与幼儿多交谈，听听幼儿对入小学的认识，及时消除幼儿的顾虑。

3. 为幼儿准备一套小学学具，提醒幼儿及时整理。

4. 布置一些家庭劳动任务给幼儿，培养其初步的任务意识。

5. 参加毕业典礼，与幼儿共同制作礼物。

×××幼儿园

×月×日

方案29　玩具交易会

【使用导引】

玩具是伴随幼儿成长的伙伴，但随着幼儿年龄的不断增长，有些玩具因为不再适合幼儿的年龄特点或者幼儿不再喜欢而慢慢被淘汰。如何处理被幼儿淘汰的玩具，可能是家长比较伤脑筋的事情，因为将质量还不错的玩具当垃圾处理掉实在太可惜！“玩具交易会”活动最初的设计意图就在这里。但大型活动既是团队管理的内容载体，也是课程建设的组成部分，因此我们应该从教育及管理角度来全面考虑该活动的目标。我们要通过“玩具交易会”活动，让幼儿初步感受商品交易过程和数学知识的生活化运用过程，提高幼儿的社会交往能力，培养幼儿初步的环保意识，也进一步增进亲子感情，促进社区和谐。另外，这个活动常安排在10月举行，除了本园幼儿，社区家长也可以带幼儿参加；活动还设置了“爱心门票”“义卖和捐赠”等课程内容，培养幼儿的爱心。

【活动目标】

（1）通过玩具交易活动，让幼儿初步感受商品交易和数学知识的生活化运用过程，提高幼儿的社会交往能力。

（2）通过“爱心门票”“义卖和捐赠”等活动，培养幼儿的爱心。

（3）通过“家庭奇趣玩具展”活动，让幼儿在交流中拓宽玩具世界新视野。

（4）通过系列活动，让幼儿了解资源的循环使用，体验低碳生活，培养幼儿初步的环保意识。

（5）进一步增进亲子感情，促进社区和谐。

【活动准备】

（1）捐赠箱（透明并贴有爱心标志）、爱心小贴纸、爱心门票。

（2）“幼儿园玩具交易会”“超级玩具拍卖场”“爱心捐赠活动”“家庭奇趣玩具展”横幅。

（3）布置好场地、拍卖台和各班摊位。

（4）音响（轻柔音乐）设备以及摄影和摄像器材。

【活动地点】

幼儿园户外。

【活动时间】

10月的一个周末。

【活动形式】

全园一起开展或者以年级组为单位开展。

【人员安排】

（1）总策划、总负责：园长。

（2）总执行：教学副园长或教学主任，主要负责撰写方案，召开工作布置会议和家委会工作会议，发放全园家长通知书，跟进与协调工作过程。

（3）后勤：教学副园长或后勤主任，主要负责布置场地，购买宣传礼花，制作海报，制作爱心门票，筹备嘉宾接待工作。

（4）具体执行：小、中、大班年级组长。

（5）主持人：青年教师一名。

（6）其他角色：摄像、摄影人员，音响负责人员，场地秩序维护人员，门卫。

【活动流程】

家长携幼儿进场—升旗仪式—玩具交易—活动总结—活动结束，家长离园。

【活动过程】

（一）家长携幼儿进场（8:50—9:00）

1. 设计要点

家长携幼儿购爱心门票（1元/人）进场，并做好玩具交易的准备。

2. 活动要求

- 幼儿园全体幼儿及社区幼儿参加。
- 幼儿由成人带领，需要购买爱心门票，成人不需要。

（二）升旗仪式（9:00—9:05）

1. 设计要点

升旗仪式由大班8名幼儿担任旗手，全体嘉宾、家长、幼儿面向国旗行注目礼；园长讲话，明确本次活动的意义，倡导大家树立环保意识，宣布交易会开幕。

2. 活动要求

- 升旗手要做好事前排练工作。
- 主持人现场指挥全体参与人员进行升旗仪式，指令要清晰。

（三）玩具交易（9:05—10:45）

1. 自由交易

（1）设计要点

家长和幼儿带着玩具进场，按照班级位置布置自己的摊位，摆好玩具、展示广告牌，根据实际情况进行先买再卖或先卖再买玩具的现场交易活动，鼓励幼儿用卖玩具挣的钱买玩具。

（2）活动要求

- 玩具要求：玩具必须大小适当且完整、安全，如不能有尖锐的角等；玩具必须清洁卫生，并标好价格；自行交易的玩具的单价不能超过10元，并且以整数计价，便于幼儿独立计算；可以出售或交换玩具以外的物品，如图书等。
- 活动中家长可引导幼儿介绍、推销自己的玩具，进行商品交易中的计算活动。
- 家长可引导幼儿观察现实生活中的广告牌，和幼儿一起动手设计商品销售广告。

2. 玩具拍卖

（1）设计要点

自由交易开始后，10：00—10：30开始拍卖玩具。单价超过50元的玩具被放入“玩具拍卖场”进行交易。教师负责拍卖玩具的收集、标记以及拍卖现场的组织与协调工作，家长担任拍卖的主持人，同时负责拍卖玩具金额去向的登记与签收。对于玩具的特点，可让中、大班幼儿现场介绍，鼓励幼儿在活动中大胆参与和表现。

（2）活动要求

- 拍卖家庭必须审核拍卖玩具的质量，拍卖的玩具要有特色。写好拍卖玩具的基本情况，如名称、底价、特点等。

- 在拍卖现场，主持人要营造拍卖的氛围，调动大家的积极性，鼓励幼儿参与拍卖活动。
- 鼓励男家长参加，以报名竞选的方式产生主持人。

3. 爱心捐赠

（1）设计要点

参与本活动的幼儿每人购买一张爱心门票，然后用卖玩具挣的钱进行公益捐赠。教师负责捐款现场的组织与监督，捐款信息的现场提供，捐款金额的清点与证明，款项的捐赠与事后公布等事宜。家委会会长或副会长及园方代表负责金额的点数和“爱心捐赠”登记表金额汇总的签字工作。

（2）活动要求

- 凡是参加活动的幼儿进门时需往“爱心捐赠箱”投1元硬币（成人免），并可获得“爱心大使”贴纸。
- 卖玩具所得的钱可以用来买新玩具，也可以拿出一部分用作“爱心捐赠”。每次捐赠后主持人会现场通报，鼓励幼儿的爱心行动；活动结束时，宣布当天的门票及捐款的数额并说明捐款方向。
- 拍卖地方要固定并坚持到活动结束，以方便幼儿捐赠；负责捐赠的家委会家长和职工要做好捐赠金额的登记工作，同时及时反馈到主持人处。
- 关于幼儿的捐赠行为，家长一定要用鼓励的方式，不要强迫幼儿；捐赠的数额也要征求幼儿的意愿，允许幼儿先满足个人买新玩具的需求，再进行捐赠。

4. 家庭奇趣玩具展

（1）设计要点

布置现场，展示家庭带来的奇趣玩具，拓宽孩子的视野。

（2）活动要求

- 提早做好玩具的收集与展览布置工作，每个玩具要有特点介绍。
- 要控制玩具的数量。
- 参展的玩具要突出有趣、奇特、新颖的特点，可以是手工作品，也可以是大型玩具。

● 参展玩具不参与交易与拍卖活动，活动结束后归还给家长。

（四）活动总结（10:45—11:00）

1. 设计要点

主持人对当天活动开展的情况，尤其是最后的捐赠情况进行总结，提醒拍卖成功的家长来领取玩具拍卖金。

2. 活动要求

主持人在整个活动的过程中及时播报活动的开展情况。

（五）活动结束，家长离园（11:00）

1. 设计要点

活动结束，家长义工协助搬运班级桌椅，家长携幼儿离园。

2. 活动要求

做好离园的交接与安全工作。

附 1：通知

“玩具交易会”活动通知

尊敬的家长朋友：

您好！

×× 幼儿园首届“玩具交易会”马上就要开始了，此次交易会由园方和家长委员会联合举办。希望通过此活动，提高孩子的计算能力和社会交往能力，让孩子了解资源的循环使用，培养孩子初步的环保意识和爱心。

活动内容：幼儿园全体幼儿参加，自带干净、卫生的玩具来园，在规定时间内自主交易。

活动地点：幼儿园操场、草地。

活动流程如下。

8:50—9:00　家长携幼儿进场

9:00—9:05　升旗仪式

9:05—10:45　玩具交易

10:45—11:00　活动总结

11:00　活动结束，家长离园

活动要求如下。

1. 请您协助幼儿准备参加交易的玩具，玩具必须符合以下要求：①玩具必须卫生安全（如不能有尖锐的角等），大小适当；贴好标价后装好；②玩具比较好玩，大家喜欢；③自行交易的玩具的单价不能超过10元，并且以整数计价，便于孩子独立计算；④请把拍卖的玩具另外注明，拍卖价格自定。

2. 如果您是“买方”的家长，请您鼓励孩子积极参加交易活动，从而培养孩子参与社会交往活动的兴趣和能力；引导孩子通过参加交易活动，学习如何“买卖”，同时发展幼儿的语言表达能力和计算能力。如果您是“卖方”的家长，请您鼓励孩子运用智慧独立大胆地推销自己的玩具（必要时您可以示范）；信任孩子、支持孩子获得交易的成功（可以适当地协助）。

有了您的支持，我们的孩子一定会快乐成长！

×××幼儿园

×年×月×日

附2：我准备拍卖的玩具的标签

玩具的主人：____________　　班级：____________

玩具的名称	玩具的价格（单价不超过10元）
1.	
2.	
3.	
4.	
5.	
6.	

方案30　消防疏散演习

【使用导引】

“生命教育”已经逐步成为我国学前教育关注的一个热点话题。“生命教育”的核心体现在两个方面：一是培养幼儿热爱生命的意识，二是教给幼儿保护生命的技巧。《指南》健康领域明确指出：“幼儿要具备基本的安全知识和自我保护能力。”为了实践《指南》目标，让广大师生更深入地了解消防逃生常识，切实树立起消防意识，真正掌握消防安全知识，做到发生火灾时有序、迅速地按照消防逃生路线、方法安全疏散，在最短时间内到达集合地，确保生命安全，特举办了此次活动。

【活动目标】

（1）通过让幼儿参与真实的演习活动，巩固幼儿所学的安全防护知识，提高幼儿的自救防范能力，使他们做到火警火灾发生时能临危不乱，有序、迅速地按照消防逃生路线安全疏散，确保生命安全。

（2）进一步增强师生的消防安全意识，通过紧急疏散演习，让教职工掌握正确使用灭火器的方法及保护幼儿逃生的方法，提高师生面对突发事件的应变能力。

【活动准备】

（1）知识准备：对幼儿进行逃生教育，内容包括：疏散路线、方向以及用湿毛巾掩口鼻弯腰撤离；听到火警后迅速打开教室门，听从老师指挥一人一排迅速撤离，不要在中途停留；撤离时不要在走廊上拥挤，不能奔跑，要做到有序快步下楼，以免发生踩踏事件。

（2）物质准备：灭火器、水、湿毛巾或口罩；烟源（在铁皮耐烧水桶里装上湿的能长时间冒烟的物质，如湿锯末、湿树叶等），最好是消防专用发烟罐；报警的设施、音响设备、话筒、照相机等。

（3）环境准备：事先张贴好幼儿园楼道安全疏散示意图。

（4）场地准备：各通道的门打开，排除安全隐患，保证活动的顺利开展。

【活动地点】

幼儿园。

【活动时间】

某个工作日的上午。

【活动形式】

幼儿园全体幼儿、教职工。

【人员安排】

（1）现场总指挥：园长，活动责任人，负责整个活动的现场监督与指挥，发现和确认火灾事故发生，宣布消防演习与紧急疏散演习开始。

（2）现场副总指挥：副园长，负责指导全园灭火和应急疏散的宣传教育和培训演习；负责方案制定、消防警报声录制和现场信号发出工作；指挥、协调各职能小组和义务消防队开展工作。

（3）现场总协调：安全主任，负责召开工作布置会议和家委会工作会议，发放全园家长通知书；跟进与协调工作过程，组织有关人员按预案对现场进行果断处置，并做好演习准备。

（4）疏散小组：全体班级人员及协助疏散的行政人员，演习前负责清点幼儿人数；依据预案措施及疏散路线、顺序，在现场指挥组指挥下，指挥班级幼儿从活动室按照规定路线安全撤离到操场，到达安全地带后清点幼儿人数。

（5）救护小组：医护人员，根据幼儿园应急疏散预案，组织师生进行疏散演习，抢救被困幼儿，救护伤员，拨打120急救电话等；配合并协助公安消防机构做好火灾事故调查等善后工作。

（6）警戒小组：保安，负责阻止其他闲杂人员进入警戒地带，把好大门；负责火警预报，向分管领导电话报警。

（7）消防小组：后勤人员，负责拿灭火器灭火。

【活动流程】

准备部分—演习开始—演习结束—活动延伸。

【活动过程】

（一）准备部分（9:00—9:20）

1. 设计要点

对幼儿进行火灾逃生安全教育，提醒幼儿警报响起时要使用湿毛巾捂住口鼻，弯腰行走并手扶楼梯或墙壁前进，不能相互推挤，以防止因混乱而造成意外事故；检查幼儿服饰和消防演习装备情况。

2. 活动要求

- 所有幼儿进入自己所在的活动室。
- 各班教师清点幼儿人数。
- 各工作小组进入现场，清理警戒区。
- 关闭电、气设备，切断电源，关闭门窗。
- 为保证快速、有序、安全地疏散，任何人在疏散时不应携带个人物品，更不允许逆向跑、窜寻找个人物品。

（二）演习开始（9:20—9:50）

1. 设计要点

- 幼儿逃生路线总的疏散原则是：一楼为先，二楼为后；靠近楼梯班级为先，远离楼梯班级为后。听见演习警报后，任课教师应立即停止教学活动，不当班教师（备课教师）第一时间赶到本班教室，与当班保教人员一起指挥幼儿紧急、有序地向操场安全区域撤离。
- 当听到消防警报声（或口哨声）时，组织疏散的楼层教师应立即向幼儿喊话，各班教师组织幼儿按照疏散路线图有条不紊地向安全区疏散：班级分成两组，由班主任、配班教师各带一组，要求幼儿不得携带任何个人物品，用湿毛巾、纸巾或衣角捂住口鼻，沿墙角边微曲身体有秩序地撤离，疏散至指定位置。班主任断后，确保不丢下任何一名幼儿，同时，要查清现场是否有遗漏人员。各班到达安全地点后，教师清点幼儿人数，将本班逃生情况报告给总指挥。

- 疏散引导小组维护疏散秩序，指明疏散方向和路径。在拐角处应有人员引导，避免幼儿误入危险区域；要阻止幼儿逆向跑、窜、推搡、挤压情况发生；有人倒下，要立即扶起，防止踩踏事故发生；疏散通道必须保证时刻畅通。疏散工作结束后，应急疏散负责人向现场总指挥汇报疏散情况：全体幼儿是否已安全脱险。其他教师立即组织其他幼儿通过其他通道或出口疏散到开阔的地方。

2. 活动要求

- 听到报警铃声后，上述人员各就各位，履行好自己的岗位职责。
- 幼儿在教室进行正常的教学活动，在听到警报时，不要慌张，要镇静，保持清醒的头脑，然后按照拟定的路线迅速撤离。撤离时，要靠楼梯左边行走，让出右边通道让消防人员通行。
- 现场指挥应根据现场情况、人流密度对疏散路线做出选择或调整，遇到紧急事件视情况决定是否停止演习活动。
- 各班主任在集合地点对疏散的幼儿人数进行清点，如发现少人，应迅速与疏散总指挥部联系，及时上报给抢救护理组组长，由组长报告给现场总指挥。同时，继续寻找滞留在事故现场的幼儿和受伤人员，帮助其安全撤离。
- 救护小组对被踩伤、挤伤的幼儿进行紧急施救，先由保健医生进行处理，如果保健医生无法处理，应及时送往医院检查治疗。
- 警戒小组确保消防通道的畅通和现场秩序的稳定，重点危险地带专人把守（楼梯口、楼道转弯处）。如发现有幼儿受伤，立即与现场救护小组联系，并展开紧急救护。
- 在活动结束前，从楼内撤出的幼儿不能再次进入楼内，不要在操场随意走动。各工作小组本着对幼儿高度负责的态度，严肃认真地对待现场出现的每一个突发情况。

（三）演习结束（9:50—10:00）

- 警报解除前，各组人员协助班主任维持幼儿在安全区内的秩序。

● 警报解除后，园长做“学会用知识守护生命”的讲话，要求全体师生珍惜生命，掌握消防安全自救知识，遇到突发事件要沉着冷静、团结协作。最后，各班按次序返回教室。

（四）活动延伸

● 在消防演习中，用照片和录像记录活动流程，活动后汇总资料，开设“争当安全小卫士”专栏。

● 教师带领幼儿回顾整个过程，加深幼儿的印象，请幼儿把学到的本领带回家教给家里人，也可以延伸其他的安全常识，比如，如何拒绝陌生人、地震中如何逃生等。

附：幼儿园逃生演习及疏散制度

突发意外灾害时，为了保护师生人身财产和公共财产安全，提高师生的自我保护和快速反应能力，及时、有效地克服困难，迅速疏散人员，将危害控制在最小范围，将损失减少到最低程度，特制定本制度。

一、成立组织机构

总指挥：园长，负责全面主持、部署工作；副总指挥：副园长，负责具体安排全园师生进行逃生及疏散演习；成员：各班教师、保育员、后勤人员，负责全面协助开展好逃生及疏散演习。

二、工作原则

1. 一个孩子都不能少。

2. 人人设岗，人人有责。

3. 疏散快慢结合，不拥挤。

三、演习方式

1. 预定式演习。

2. 突发性演习。

四、前期准备

1. 全园教职工，从思想上重视起来，强调公众责任意识。

2. 各班前门、门窗都要畅通，不能堵死。

3. 小组或座次安排要便于有序疏散，各班有本班逃生疏散路线。

4. 班主任自己安排时间，组织本班幼儿分震灾逃生和火灾逃生两个层次，进行有秩序撤离教室的演习，直到幼儿操作熟练为止。

五、演习程序及安全要求

1. 各班教师向幼儿讲解逃生路线及安全要求。

2. 工作人员按响警报后，班主任组织本班幼儿迅速、有序地按规定向外疏散、撤离。

3. 到达规定地点后，以班级为单位集合，本班教师迅速清点人数并报告给总指挥。

4. 安全要求如下。

（1）按规定的疏散路线向规定的地方撤离。

（2）门口、楼道等通道较窄的地方不要拥挤。

（3）逃生过程中，奔跑速度不要过快，不要推前面的小朋友。

（4）下楼梯时绝不能拥挤，不能打闹，以防踩踏事故的发生。

5. 各班对演习活动情况进行评价，发现不足及时改进。

方案 31　幼儿园地震应急演习

【使用导引】

据报道，在某次大地震发生后，一个小学高年级的女孩子，根据在学校学习到的避难知识，把母亲从废墟中救出来，自己也安然无恙。可见，平时的地震演习和地震知识学习是多么的重要！为了确保在地震来临时，幼儿园的应急工作能快速、高效、有序地进行，从而最大限度地保护全园师生的生命安全，特别是减少不必要的非地震伤害，特举办了地震应急演习活动。

【活动目标】

（1）通过地震应急演习，帮助全园师生掌握地震时逃生、自救、互救的基本方法，熟悉震后紧急疏散的程序和路线，提高全园师生应对紧急突发事件的反应能力和自救、互救能力。

（2）培养幼儿听从指挥、团结互助的习惯。

【活动准备】

（1）演习前召开动员大会，让教职工熟悉应急避震的正确方法，分析幼儿园应急避震的环境和条件，阐述地震应急演习的重要意义，讲明演习的程序、内容、时间和纪律要求，以及各个班级疏散的路线和到达的区域，同时强调演习是预防性、模拟性练习，并非真正的地震应急和疏散，以免因发生误解而引发地震谣言。

（2）各班在一周时间内教会幼儿紧急避震的正确方法，明确演习的基本过程、要求和注意事项。

（3）根据教室布局规划疏散通道，设计各班级的撤离顺序。演习前，对疏散路线必经之处和到达的"安全地带"仔细进行实地检查，对存在的问题及时进行整改，消除障碍和隐患，确保路线畅通和安全。

【活动地点】

幼儿园。

【活动时间】

上课、下课或其他休息时间。

【活动形式】

幼儿园全体幼儿、教职工。

【人员安排】

（1）现场总指挥：园长，活动责任人，负责整个活动的现场监督与指挥，发现和确认地震发生，宣布地震演习开始。

（2）现场副总指挥：副园长，负责指导全园地震演习活动的宣传教育和培训演习工作；负责方案制定和现场信号发出工作；指挥并协调各职能小组开展工作。

（3）现场总协调：安全主任，负责召开工作布置会议和家委会工作会议，发放全园家长通知书；跟进与协调工作过程，组织有关人员按预案对现场进行果断处置，并做好演习准备。

（4）现场执行组：各班教师，负责活动前对幼儿进行安全教育；开展家长工作及宣传；活动中维持各班纪律；活动后报告本班情况并协助园方做好后续安抚工作。

（5）后勤人员：负责拍照。

（6）园医、安保：进行相关的安全和救护工作。

【活动流程】

启动程序—信号员发出“地震警报”信号（吹哨声持续 1 分钟）—信号员发出解除“地震警报”信号（1 分钟后三声短哨）——一声哨响，结束演习，组织幼儿回教室（5 ～ 10 分钟后）。

【活动过程】

（一）启动程序

1. 设计要点

总指挥通过广播下达命令：“各位老师、小朋友们，请注意，幼儿园地震逃生疏散演习马上就要开始了，请大家做好准备。”

2. 活动要求

各班教师根据总指挥发出的广播命令提醒全班幼儿做好准备，再次清点人数，检查每一个幼儿的情绪。

（二）信号员发出“地震警报”信号（吹哨声持续 1 分钟）

1. 设计要点

- 保育老师或上课教师（演习时为班级小组长）立即停止授课，角色转为现场执行组人员，立即告知幼儿“地震来了，不要慌”，并指挥幼儿迅速抱头、闭眼，躲在课桌旁或教室的三角区域。尽量蜷曲身体，降低身体重心，并尽可能用书包保护头部；最后一排幼儿面向墙，蹲在墙角处。演习时间为 1 分钟。
- 保安立即打开幼儿园大门，各班把全部通道门打开，各小组长迅速检查安全通道有无障碍物。

2. 活动要求

- 对不能参加演习的幼儿，要提前做好安排。
- “地震警报”发出后，指导幼儿进行室内避震，纠正幼儿的不正确动作和姿势。班级小组长和保育员要自始至终跟队，密切关注演习现场，维持活动纪律，防止意外发生。

（三）信号员发出解除“地震警报”信号（1分钟后三声短哨）

1. 设计要点

幼儿回到原位，教师告知幼儿地震已过，现在撤离教室，幼儿在老师的带领下有序地从楼梯向下撤离，并按照预定的疏散路线，由主班教师引路、配班教师断后向外疏散，迅速撤离到事先指定的地点。

2. 活动要求

- 引导幼儿快速疏散，并以班级为单位集合，各班幼儿到达集合地点后，要立即原地蹲下，双手保护头部。
- 各班要提前分班演习，有序地组织幼儿从撤退路线迅速撤离。
- 全园演习前5分钟，演习指挥小组所有成员、各教职工必须各就各位。
- 演习撤离时不分班级先后，幼儿下楼梯时可以不排队，要防止推挤、踩踏事件，如有幼儿摔倒，可立即中止演习，确保演习过程中不发生伤害事故、踩踏事故。
- 疏散引导小组、班级小组长和保育员在就近楼梯口旁边指挥幼儿撤离，直至最后一名幼儿离开后才能离开，离开前由各楼层负责人检查所负责楼层及教室是否有人。

（四）一声哨响，结束演习，组织幼儿回教室（5～10分钟后）

1. 设计要点

各班主班教师清点人数后向年级组长报告人数，各年级组长向总指挥（园长）报告人数。总指挥总结讲话，宣布演习结束。各班依次退场，返回教室。

2. 活动要求

各班回教室后要认真总结，找出演习中的不足。各班可自己抽时间再进行演习。

方案 32　幼儿园中班家长开放日活动

【使用导引】

幼儿园家长开放日活动的目的包括两个方面：一方面是让家长了解幼儿在幼儿园的学习、生活情况，感受孩子的成长变化；另一方面是通过开放的方式让家长了解孩子的学习规律，向家长传递正确的教育理念与育儿方法。幼儿园家长开放日活动原本是非常有意义的一件事情，但常常因为活动前的要求不明确、认识不统一，导致幼儿园精心准备的家长开放日活动出现许多问题。比如，家长应付态度明显，很多家长“人在心不在”；有的干脆不参加；还有的家长关注的是教师的教学水平、教师当天对自己孩子的关注程度，出现了认识上的偏差……这导致很多教师在面对每学期开展的常规家长开放日活动时，常感到压力大，积极性不高，影响了开放日活动的效果。本活动方案从开放前家园沟通、开放中对家长的要求以及活动的精心安排与组织方面做了全面的阐述，希望能够帮助家长明确家长开放日活动的真正价值所在。

【活动目标】

（1）让家长了解《指南》背景下的课程理念，了解幼儿的学习特点。

（2）让家长了解幼儿在园的学习和生活，感受幼儿的成长变化。

（3）融教育、家庭教育指导为一体，鼓励家长积极参与幼儿的活动，享受与孩子共同活动的温馨时刻，增进家园情、师生情、亲子情。

【活动准备】

（1）提前向家长发出邀请，让家长了解本次亲子活动的目的，并做好相关准备工作。

（2）各班自行准备家长签到表，并提前做好家长签到工作的准备。

（3）全体师生着园服。

（4）各班级门口张贴开放日指引单，引导家长有序参与活动，确保活动顺利进行。

【活动地点】

幼儿园。

【活动时间】

学期中或学期末。

【活动形式】

幼儿园中班。

【人员安排】

（1）幼儿园行政人员：负责方案指导、现场协助、物品提供、场地统筹、成效了解等工作。

（2）班级人员：负责“家长通知书”发放、材料准备、开放日活动的组织等工作。

（3）班级家委会：协助班级教师拍照、录像等。

【活动流程】

家长送幼儿来园，参加年级组会议—家长观摩半日活动—“《指南》背景下的本园课程”专题讲座。

【活动过程】

（一）家长送幼儿来园，参加年级组会议（7:40—8:00）

1. 设计要点

家长送幼儿来园，幼儿进班，家长集中在会议室参加由年级组长召集的会议。会议由园方领导主持，主要目的是让家长明确本次家长开放日活动的背景与价值，并对家长提出参加开放日活动的要求。要求如下：

- 放下手里的工作，安心参加活动。
- 学习《指南》，关注孩子的学习与发展，认真填写《开放日幼儿参与度评价表》，并带回家里与家中其他成员讨论、商量幼儿的学习和生活情况，以便采取更有效的方式配合幼儿园教育。

- 参加活动时所站的位置要严格按照班级要求，以免影响幼儿进行活动。
- 将手机调至静音，以免影响教师组织的教学活动。

2. 活动要求

家长准时入园，入场前先在音乐厅门口自己孩子所在班级的签到表上签到。

（二）家长观摩半日活动（8:00—11:15）

1. 设计要点

请家长观察幼儿在半日活动中的具体行为及表现，看看自己的孩子是否有良好的生活卫生习惯，是否乐于参与体育活动，是否具有初步的动手操作和解决问题的能力，是否乐于与人交往、合作并遵守规则，是否能大胆表达自己的认识、想法、感受与经验，是否与同伴一起娱乐、表演、创作，从而评价自己的孩子在活动中的各项发展情况。

2. 活动要求

- 因活动的需要，本次开放日活动最好由孩子的爸爸或妈妈出席，若有特殊情况不能出席的请与本班教师联系，尽量安排家里的其他家长参加。
- 观摩孩子课间操和体能循环活动时，请站在活动场地的外围观看，不要随意走动，以免影响孩子的活动。
- 为了使活动能够顺利进行，请按照班级教师的要求进行活动。
- 班级三位教师统一穿园服，扎马尾辫，化淡妆。
- 做操时间由班级两位老师带操，保育老师负责布置好亲子体育游戏的场地，请班主任把场地布置要求交代清楚。

（三）"《指南》背景下的本园课程"专题讲座（11:15—12:00）

1. 设计要点

园领导对中班全体家长开展《指南》培训，通过讲解帮助家长了解中班幼儿的学习与发展特点，了解幼儿园的课程理念，明确家长需要配合的地方。

2. 活动要求

- 全体家长参加，不要带孩子。
- 讲座结束后各班收回《家长开放日问卷调查表》。

附 1：中一班家长开放日半日活动方案

活动时间	活动名称	活动场地	活动目标	活动内容	组织教师	备注
7 : 50—8 : 00	幼儿来园、家长会议	班级教室和音乐厅	1. 教育幼儿有礼貌 2. 让家长明确本次家长开放日活动的背景与价值，并对家长提出参加开放日活动的要求	1. 热情接待幼儿，相互问好 2. 家长送幼儿来园后，引导其参加年级组会议	年级组长：组织家长开会 班主任：参加年级组家长会议	
8 : 00—8 : 15	晨练	班级区域	鼓励幼儿积极参与晨间锻炼	1. 晨跑 2. 晨间锻炼	主班教师：组织晨练 保育员：发放早餐	
8 : 15—8 : 50	早餐及餐后活动	班级教室	1. 让幼儿了解该早餐的营养价值 2. 幼儿安静、有序地独立吃完自己的早餐 3. 幼儿安静、有序地进行餐后活动	1. 教师介绍早餐食谱和营养价值 2. 幼儿用餐，提醒幼儿注意桌面卫生 3. 餐后分两组活动： A 组：阅读（活动室） B 组：分区活动，开放建构区和角色区（卧室）	保育员：介绍食谱和用餐要求。组织第 4、5、6 组幼儿用餐 配班老师：组织第 1、2、3 组幼儿用餐。组织餐后分区活动 主班老师：组织餐后阅读活动	家长在门口及窗口观看。餐后，家长浏览孩子的成长档案

续表

活动时间	活动名称	活动场地	活动目标	活动内容	组织教师	备注
8 : 50—10 : 00	集体音乐活动——草丛中的土拨鼠	班级教室	1. 初步感受诙谐、欢快、跳跃的乐曲特点 2. 通过手指游戏、音乐故事等进一步感受和理解音乐 3. 体验音乐带来的想象，感受参与音乐游戏的快乐	1. 节奏练习 2. 情景导入 3. 感受旋律 4. 感受完整乐曲 5. 借助故事、手指游戏与身体律动等，再次感受完整乐曲 6. 韵律游戏“土拨鼠的一天”	主班老师	请家长到自己孩子活动的教室里坐在后面观看
	区域活动		1. 完成学习任务 2. 主动进行自选活动	数学区：按规律排序（任务） 美工区：装饰存钱罐（任务） 角色区、建构区、表演区、益智区自选	主班老师：观察活动区参与情况 配班老师：指导有任务的区域活动 保育员：协助	
10 : 00—10 : 15	生活活动	班级教室	1. 学习合作垫毛巾 2. 做好户外活动前的准备	1. 督促幼儿喝水 2. 提醒幼儿如厕 3. 鼓励幼儿相互帮助垫毛巾 4. 帮助幼儿脱衣服并整理好	保育员：饮水、如厕 配班老师:（教室里）脱衣服、整理毛巾 主班老师:（教室外）取毛巾、排队	请家长站在班级门口和窗口观看，不要随意进教室，以保证幼儿有足够的活动空间，确保幼儿安全

续表

活动时间	活动名称	活动场地	活动目标	活动内容	组织教师	备注
10：15—11：15	课间操	操场	1. 动作整齐 2. 姿势到位 3. 积极认真地完成体能游戏	1. 出场 2. 凳子操 3. 体能循环 4. 放松活动	中班年级组全体主班老师、配班老师及保育员	请家长站在操场外围观看，不要站在操场内，以免阻碍幼儿活动
	大型体能循环活动	操场及草地	1. 能愉快地参加体能循环活动 2. 能按要求完成规定动作	1. 全身热身及各关节准备活动 2. 身体锻炼大循环 3. 放松活动		
11：15—12：00	家长专题讲座	音乐厅	1. 帮助家长了解幼儿的学习与发展 2. 了解幼儿园的课程理念	《指南》背景下的本园课程	园领导介绍	讲座结束后各班收回《家长开放日问卷调查表》

附 2：中一班家长开放日半日活动幼儿参与度评价表

幼儿姓名：__________　　　　家长姓名__________

活动时间及主要项目	活动内容	幼儿具体表现及参与度
8：50—10：00	集体音乐活动——草丛中的土拨鼠	▲ 认真倾听（　）偶尔注意力分散（　）需要督促（　） ▲ 表现积极（　）不愿表现（　） ▲ 能以快乐的情绪参与表演活动，并能完成自己的表演任务（　） 能以快乐的情绪参与表演活动，能在他人的引导下完成自己的表演任务（　） ▲ 乐于与人合作完成表演（　）勉强愿意与人合作（　）

续表

活动时间及主要项目	活动内容	幼儿具体表现及参与度
8 : 50—10 : 00	区域活动	▲ 主动进行自选活动（ ）能在他人的引导下进行自选活动（ ） ▲ 能主动按要求完成学习任务（ ）能在他人的引导下完成自己的任务（ ） ▲ 能以快乐的情绪参与活动（ ）独立探索、操作与思考（ ）不够专注（ ） ▲ 愿意与人合作（ ）勉强愿意与人合作（ ） ▲ 主动收拾整理、归类玩具（ ）能在他人的引导下收拾整理、归类玩具（ ）
10 : 00—10 : 15	如厕、饮水、脱衣、垫毛巾	▲ 能主动而有序地如厕、饮水（ ）需要大人督促、提醒（ ） ▲ 能主动、独立脱衣，并邀请同伴为自己垫毛巾（ ）能热情为同伴垫毛巾（ ） ▲ 需要大人提示和督促，表现拖拉、散漫（ ）不太乐意、不懂得帮助同伴垫毛巾（ ）
10 : 15—11 : 15	课间操	▲ 能愉快地参加操节展示活动（ ）动作协调、有力、整齐（ ）有良好的组织性和纪律性（ ） ▲ 参加此活动情绪不高（ ）动作不够协调、整齐（ ）纪律性欠佳（ ）
	大型体能循环活动	▲ 能愉快地参加体能循环活动（ ）身体平衡性、协调性、灵敏性、力量、速度都表现良好（ ）有良好的组织性和纪律性（ ） ▲ 能愉快地参加体能循环活动，但需要老师帮助完成活动（ ）身体的平衡性、协调性、灵敏性、力量、速度都有待提高（ ）组织性及纪律性欠佳（ ）

附 3：中班年级组家长开放日半日活动邀请函

尊敬的家长朋友：

中班幼儿经过近一学期的在园生活、学习，各方面的能力都有着长足的进步。为此，我年级组教师依据《指南》的要求，结合中班孩子的年龄特点及我园的健康特色教育对家长进行半日活动开放，旨在通过交流、观摩、参与等让家长进一步了解我园在《指南》背景下的课程理念及孩子的成长变化，希望您能通过这次活动感受到幼儿园的课程理念、教学方法和组织形式的多样性，以便更好地配合幼儿园有效地进行家庭教育，从而促进幼儿各方面的和谐发展。

我们诚挚地邀请您（孩子的爸爸或妈妈）于 ×× 年 ×× 月 ×× 日上午 7 : 50 准时来园参与活动！欢迎您的到来！

具体活动安排如下。

第一部分：参加年级组会议（7 : 50—8 : 00）

活动地点：一楼音乐厅

第二部分：观看半日活动（8 : 00—11 : 15）

活动地点：各班教室

第三部分："《指南》背景下的本园课程"主题讲座（11 : 15—12 : 00）

活动地点：一楼音乐厅

请您注意以下事项。

◆ 观看活动时，请将手机调至静音状态。

◆ 没有特殊情况，请不要和老师或幼儿交谈。

◆ 孩子表现不尽人意时，请不要当面斥责。

◆ 孩子由老师负责统一组织，请家长不要随意干扰。

◆ 每个家庭必须保证父母中有一位来幼儿园参加开放日活动。

◆ 活动当天请给小朋友穿新园服和白色布鞋！

诚邀您的参与！感谢您的配合！

中班年级组全体老师

× 月 × 日

附 4：家长开放日问卷调查表

尊敬的家长：

您好！

欢迎您参加本次家长开放日活动！为了更好地帮助您了解幼儿园的办园理念与管理工作，请您认真填写以下问卷，以期进一步提升幼儿园的保教质量。

1. 您觉得幼儿园的环境是否整洁？

A. 很整洁　　B. 较整洁　　C. 一般　　D. 较差

环境创设建议：

2. 您是否关注我园幼儿的伙食开支与幼儿食谱？

A. 是　　B. 否

伙食管理建议：

3. 您认为您孩子所在班级的墙面、柜子、桌面上，幼儿的作品多吗？

A. 很多　　B. 较多　　C. 一般　　D. 较少

4. 在今天的体育活动中，您孩子的动作是否协调？

A. 很协调　　B. 较协调　　C. 一般　　D. 不协调

您还会如何指导孩子：

5. 在今天的活动中，您孩子的倾听习惯与语言表达能力如何？

A. 很好　　B. 较好　　C. 一般　　D. 不好

您还会如何指导孩子：

谢谢您的参与！

××× 幼儿园

× 月 × 日